네이티브 스피커
Native Speaker

서숙 교수의 영미소설 특강 10

Native Speaker

네이티브 스피커

서숙 지음

이화여자대학교출판문화원

〈서숙 교수의 영미소설 특강〉 시리즈를 펴내며

대학에서 영미소설을 강의한 지 20여 년이 훨씬 넘어가고 있을 때였다. 두 번째 안식년을 다녀온 그해 가을 학기, 나는 물었다. 그동안 내가 했던 그 많은 강의들은 다 어디로 갔나. 나와 함께 책을 읽었던 그 많은 학생들, 그들은 모두 어디서 무엇을 하나.

〈영미소설 특강〉 시리즈는 이런 질문에서 시작되었다. 나는 강의실에서 소설을 읽으며 우리가 거쳐 간 그 강렬했던 지적 · 정서적 경험을 되살리고 싶었고, 우리에게 살아 있음을 깨닫게 해주었던 그 순간들을 기억해내고 싶었다. 그들과 나의 사라진 시간에 정체성을 부여하고 싶었다.

지구력과 인내가 요구되는 특강 시리즈를 이런 개인적인 느낌만으로 시작한 것은 물론 아니다. 〈주홍글자〉, 〈위대한 개츠비〉, 〈허클베리 핀의 모험〉, 〈여인의 초상〉, 〈술라〉, 〈태양은 다시 떠오른다〉, 〈소음과 분노〉, 〈분노의 포도〉, 〈오늘을 잡아라 · 점원〉, 〈네이티브 스피커〉로 이어지는 이 강의록을 통해 일반 독자들이 영미소설과 문화를 이해하는 데 일조하고 싶다는 마음도 크다. 무엇보다도 강의라는 형식의 글쓰기를 통해 소설 읽기의 즐거움과 소설 공부하기의 훈련이 별개의 것이 아님을 확인하고 싶다. 외국어라는 암호를 일단 풀어야 하는 경우에는 더욱 그렇다.

강의로 끝나버리는, 허공으로 사라지는 의미와 말들을 다시 붙들어 응시하면서 나는 활자가 열어주는 무궁한 세계를 재발견하는 듯하다. 그렇다. 까맣고 또렷한 글자들은 영롱한 생명을 품고 있는 씨앗들이다. 우리 눈에, 가슴에 뿌려진 씨앗들은 언젠가 싹을 피워낸다. 이 막강한 영상매체의 시대에 활자의 힘에 대한 이 깨달음은 나에게 새삼스럽고 소중하다.

나와 함께 소설을 읽으며 우리들의 텃밭을 가꾸었던 젊은이들에게 이 책을 드린다. 이 시리즈를 기획한 김용숙 선생님과 출판문화원장 김헌민 선생님, 그리고 편집을 담당한 이혜지 선생님에게 감사드린다.

나는 2011년 은퇴했고 〈영미소설 특강〉 시리즈는 계속되고 있다.

서 숙

차례

Native Speaker

Native Speaker

시작하면서

자, 안녕하세요? 늘 그렇지만, 새 학기에 여러분과 마주하고 서면 가슴이 설레요. 두근거려요. 이렇게 젊고 진지하고 기대에 찬 표정들, 어디 가서 만날 수 있겠어요? 우리 함께 멋진 수업을 만들어갈 것을 약속합니다.

이번 학기에는 재미 한국인 작가 이창래의 『네이티브 스피커 Native Speaker』(1995)를 읽을 거예요. 국내에는 '영원한 이방인'이라는 제목으로 번역되어 있지요? 이창래는 이 소설에서 이방인과 미국인의 경계에 위치한 이민자들의 디아스포라적인 삶을 정치 · 사회 · 문화적 관점에서 통찰력 있게 그려내요. 그리고 이를 통해 대안적 공동체를 향한 비전을 제시해요.

소설을 읽기 전에 먼저 이창래 이전에 등장했던 대표적인 아시아계 미국 작가 세 사람의 작품을 소개합니다. 먼저 한국계 미국 작가 강용흘의 소설 『동양이 서양에 가다: 동양인 양키 만들기East Goes West: The Making of an Oriental Yankee』(1937)가 있습니다. 그의 또 다른 소설 『초당The Grass Roof』(1931)도 있지요.

강용흘은 1세대 한국계 미국 문학의 아버지로 불립니다. 『동양이 서양에 가다』는 1920-30년대 뉴욕과 보스톤 등을 중심으로 당시로서는 드물게 동양의 눈으로 서양을 만나는 작은 창의 역할을 합니다. 작가는 '동양인이 양키가 될 수 있는가.'라는 질문을 던지며 한국 남성이 미국 사회에서 겪는 당혹감과 차별 등을 보여줘요. 그러면서 과시적 소비주의가 폭발적으로 시작되고, 대형 백화점을 가득 채운 물건들에 열광하는 사람들의 모습도 그려내요.

기억에 남는 것은 소설에 등장하는 (주인공이 아닌) 또 다른 한국 남성입니다. 구한말 지주 집안의 아들인 그는 한문과 시화에 능하고 고향에서 보내오는 돈으로 귀족적인 삶을 살면서 백인 미술 애호가들과도 교류해요. 그러나 그는 백인 여성을 흠모하지만 결혼하지 못하고 고향에서 송금도 끊기자 고립무원 상태에서 자살해요. 아시아인과 백인의 결혼이 금기시되던 시대에 미국에서 동양인으로 살아간다는 것이 어떤 것인지 생각하게 합니다.

이 작가의 삶도 흥미로워요. 3.1독립운동에 참여했고 미국으로 망명하여 하버드대에서 수학했고 콜롬비아대 등에서 가르쳐요. 한국 문학을 영역하여 소개하기도 해요. 미군정 시대에 한국에서 잠깐 일하면서 이승만 정부에 비판적이기도 했는데, 1950년대 매카시즘의 분위기 속에서 미정보부의 사찰을 받기도 했다고 해요. 하여간에 그의 소설들은 우리 대중에게는 많이 알려져 있지 않지만, 그는 한국을 포함한 아시아계 미국 문학의 문을 열었다는 평가를 받아요.

최초의 일본계 미국 작가 존 오카다John Okada의 소설 『노노보이No No Boy』(1956)도 언급해야 합니다. 나는 이 소설을 읽고 20세기 초 재미 일본인들의 강제수용소에 대해, 그 정치·사회·역사적 배경에 대해 처음으로 알게 되었어요.

우리가 아는 대로, 일본이 진주만을 공격하자 1942년 이에 대한 보복으로 루즈벨트 대통령은 행정명령 9066호에 서명해요. 그리고 11만 명의 미국 내 시민권자 일본인들을 적국인Enemy Aliens으로 지정하고 강제수용 조치를 취합니다.

이후 미국 시민권자이며 범법자들이 아닌 일본인들을 전쟁포로처럼 10여 개의 캠프에 11만 명 이상 수용해요. 당시의 악명 높은 수용소 환경과 격리 상태는 사진과 기록으로 남아 있어요. 1988년 레이건 대통령은 재미 일본인을 강제수용했다는 것을 인정하고 공식 사과와 함께 피해자와 후손들에게 배상해요. 이 부끄러운 역사를 교과서에 실어 전쟁과 히스테리, 인종

편견의 죄악을 교훈으로 삼고자 해요.

하여간에 미국은 캠프에 수용된 일본인들을 적대국 국민으로 규정, 그들의 입대를 반대하지만 전쟁이 계속되면서 징집의 필요성이 높아져요. 캠프 안의 일본 청년들은 미정부로부터 두 가지 맹세를 강요받아요. 미국에 절대 충성할 것, 일본이나 다른 국가에 충성하지 않을 것.

주인공 청년은 두 가지 조건을 다 거부하고 노노 보이가 되어 감옥에 가요. 그러나 전후 혼란기에는 참전했던 이들도, 감옥에 갔던 이들도 고난을 피할 수 없어요. 이들은 양쪽에서 따돌림을 당하고 일본 교민 사회는 격심한 내홍에 빠집니다. 그러나 이 격변기를 통해 미국 사회에서 모범적인 이민자라는 정형화된 이미지가 도전받기도 했어요.

작가 오카다는 군대에도 다녀오고 대학도 졸업했어요. 그가 처음 쓴 이 소설은 일본인들의 강제수용을 잊기 원했던 전후 미국의 사회적 기류 때문에 잊혀져요. 그러다가 그가 46세의 이른 나이에 죽은 뒤 그의 아내의 주선으로 출판되었고, 1970년대 일본계 미국 작가들과 학자들에 의해 새롭게 조명됩니다. 그들은 이 작품에 그려진 전쟁과 지배, 그 식민지적인 경험에 대한 증언을 새롭게 성찰하고 복원하려고 합니다.

아시아계 미국 문학을 본격적으로 촉발시킨 것은 중국계 미국인 맥신 홍 킹스턴의 소설 『여전사The Woman Warrior』(1975)의 등장이라고 생각해요. 버클리대를 졸업한 20대의 중국계 여성 작가가 들고 나온 이 소설은 당시로서는 제목만큼이나 신선하고 충격적인 문화적 사건으로 기록됩니다. 사회에서 강요된 침묵을 거부하고 고군분투하며 자기만의 목소리를 찾아가는 이민자의 딸이 풀어내는 이야기, 동서양과 고대와 현대를 종횡무진 오가며 소개하는 신화, 그 속에 등장하는 용맹한 여전사의 정신을 현대 미국 속으로 소환하는 이야기가 인종과 젠더와 세대와 문화의 차이를 총체적으로 아우르며 격랑의 강처럼 이어집니다.

이 소설의 등장에는 시대적 배경을 간과할 수 없어요. 반문화운동, 민권운동, 여성운동, 평화운동이 물결치던 미국의 1960-70년대를 생각해보세요. 이 시대는 경제공황, 2차 대전, 매카시즘을 거쳐, 보수적이고 경직된 기존 질서를 바닥부터 흔들어놓은 히피 문화로 대변되지요. 『미국을 푸르게 만들기 Greening of America』 등 당시 베스트셀러이던 책들이 기억나는군요. 작가는 그 변화에 앞장섰던 1970년대의 버클리대학교를 다녔어요. 나도 그 당시 목격했었어요. 자유와 기쁨의 시공간, 눈부신 캠퍼스를 맨발로 걸어가던 젊은이들. 마치 만화경을 잠깐 들여다본 듯했습니다.

이 소설을 내가 1980년대 초 민음사 의뢰로 이화여대 선교사 소니아 스트론 교수님의 전폭적인 도움을 받아가며 『여인무사』

로 국내 초역했던 기억이 새롭네요. 1998년 황금가지에서 『여전사』로 재출간됩니다.

지금까지 간단하게 대표적인 아시아계 미국 작가들을 소개했어요. 이제 이창래로 돌아오지요. 그는 1965년 서울에서 태어났고, 세 살 때인 1968년 정신과 의사 아버지를 따라 가족과 함께 미국으로 이민 갔어요. 전형적인 중산층 가정에서 성장했고, 명문 필립스 엑시터 아카데미Phillips Exeter Academy를 거쳐 예일대학교 영문학과를 졸업했어요. 일 년 동안 월스트리트에서 증권 애널리스트로 일했고, 오리건대학교에서 문예창작 석사학위를 받습니다. 건축가 미셸 브란카와 결혼, 두 딸을 두고 있어요. 현재 프린스턴대학교 문예창작과 교수로 재직 중이고, 2014년에는 연세대학교 석좌교수로 임용됩니다. 그가 이민가정 자녀들이 선호하는 의사나 변호사가 아닌, 소설가의 꿈을 키울 수 있었던 것은 문화적으로, 지적으로 자유로웠던 아버지의 이해심이 크게 작용했다고 해요.

소설 『네이티브 스피커』는 그의 졸업 작품이라고 하지요. 이 소설은 미국 문학계에 엄청난 반향을 불러일으켜요. 출판되자마자 헤밍웨이재단/펜문학상, 아메리칸 북어워드American Book Awards 등 6개의 상을 받으면서 그야말로 한국계 미국 문학의 전성시대가 시작되었음을 확실하게 선포한 소설입니다. 미국의 고등학생, 대학생들의 필독서로서 도서관 대출 1위를 달성하기도 합니다.

이창래는 이후 꾸준히 문제작을 발표합니다. 『가식적인 삶A Gesture Life』(1999)은 당시 한창 언론의 조명을 받기 시작한 일본군 위안부 문제를 다루었어요. 특이한 것은 한국계 일본인 군의관으로 2차 대전에 미국으로 이민 간 프랭클린 하타라는 인물을 통해 피해자가 아니라 가해자의 입장에서 그 문제를 다룬 것입니다. 이 소설은 애니스필드-울프 문학상을 비롯한 4개의 주요 문학상을 수상했어요.

이어 출판된 소설 『가족Aloft』(2004)은 이방인들의 정체성에 초점을 맞춘 이전의 작품들과는 달리, 현대 가족의 의미를 후기 자본주의 사회라는 틀 속에서 탐구했어요. 네 번째 장편소설 『생존자The Surrendered』(2010)는 6.25전쟁이 초래한 비극을 주인공들의 삶을 통해 천착함으로써 데이턴 문예평화상을 수상했고 퓰리처상 소설 부분 최종 후보에 오르기도 했어요. 그의 다섯 번째 소설 『만조의 바다 위에서On Such a Full Sea』(2014)에서는 가상의 미래 사회에서 살아가는 인물들에 초점을 맞춥니다. 2015년 전미서평가협회 소설 부문, 카네기 메달상 소설 부문 최종 후보에 올랐어요.

이창래는 현대 문학계에서 가장 주목받는 작가의 한 사람으로 알려져 있어요. 『뉴요커』 매거진에서 지정한 '40세 미만의 대표적인 미국 작가 20인'에 선정되었고, 매년 노벨문학상 유력 후보로 지목되기도 합니다.

소설 『네이티브 스피커』는 재미교포들의 삶을 다룬 이민 서사시로 읽혀요. 여기서 먼저 미국의 이민사를 간단하게 살펴볼까요? 2차 대전 후 이민사를 연구해온 오스카 핸드린Oscar Handlin(1915-2011)은 러시아계 유대인 이민가정 출신 미국 역사가예요. 유대인으로서는 최초로 하버드대학교 역사학 교수가 되었고, 50년간 재직하면서 미국의 이민사 연구의 초석을 놓았다고 평가됩니다.

그의 저서 『뿌리 뽑힌 사람들: 미국인들을 형성한 위대한 이주에 대한 서사시적 이야기The Uprooted : the epic story of the great migrations that made the American people』(1952)에서 그는 이민자들이 동화되는 과정이 미국 근대화 과정이며 미국의 역사라고 주장합니다. 이민이 미국적 경험의 핵심이라는 것이지요. 수백만 명의 이민들의 경험, 그들의 희망과 기대, 두려움을 기록한 책으로 평가받는 이 책으로 그는 1952년 퓰리처상을 수상합니다. 또한 1965년 '이민 및 국적법immigration and Nationality Act of 1965'이 통과될 때 그의 의회 증언은 중요한 역할을 했다고 해요.

존슨 대통령이 서명한 이 법으로 미국 이민사 및 미국의 인구 지형이 변했어요. 이 법이 제정되기 이전의 미국의 이민 상황을 보세요. 초기 유럽인들, 주로 영국인들과 북서유럽인들은 자신들은 개척자이자 건국의 주역이라는 주체의식이 강했고, 이는 백인 앵글로색슨 프로테스탄트WASP를 중심으로 미국 기득권층을 형성하고 있어요.

19세기 후반부터 경제적으로 낙후된 남동부 유럽, 이탈리아, 러시아, 그리스, 폴란드, 헝가리 등에서 오는 이민자들이 증가하자 이들을 막기 위해 1924년 국가별 쿼터제National origin quota system라는 인종차별적 이민법이 통과돼요. 그러다가 두 번의 참전 등으로 노동력이 부족해지고 민권운동, 여성운동 등 사회 변혁의 흐름이 거세지자, 1965년 이민 및 국적법Immigration and Nationality Act of 1965이 통과됩니다. 이로써 기존의 국가별 할당제discriminatory immigration quota system는 폐지되고, 아시아와 남미, 동구권에서도 이민자들이 쏟아져 들어와요. 가족 재결합뿐만 아니라 유용한 기술을 가진 전문가들의 취업 이민의 문이 열립니다. 한국 이민의 숫자가 급증한 것도 이 시기를 전후해서이지요.

하와이 사탕수수농장 노동자들과 이들의 사진신부 등으로 1903년 전후 형성된, 한인 미주이민 사회는 2002년 이민 100주년 기념행사를 가졌어요. 물론 그 이전에도 소수의 유학생들과 서재필, 안창호, 이승만 등 독립운동가들이 하와이와 캘리포니아의 초기 한인 사회를 이루고 있었어요. 6.25전쟁 이후로는 고아와 미군과 결혼한 여성들, 의사, 간호사, 그리고 유학생들의 숫자가 증가합니다.

본격적으로 한인 교포 사회가 형성된 것은 1965년 이민 및 국적법 통과 이후, 특히 1970년대 초반부터라고 해요. 인종차별과 언어와 문화 차이에서 오는 어려움을 이들 이민 1세대들은 근면 성실과 높은 교육열로 극복하고 성공합니다. 이민 2세들은 기득권의 문화와 언어로 무장하고 주류 문화를 비판적으로 수용하면서 부모 세대의 가치관을 재정립하고 자신들의 뿌리를 확인하기도 합니다.

소설 『네이티브 스피커』에는 이런 요소들이 집약되어 나타나요. 때로는 에세이나 논문, 때로는 짧은 이야기로 연결되는 듯한 이 소설을 읽으면서 나는 한국 이민들이 미국 땅에서 거쳐간 역경과 기쁨의 시간들이 보상되는 듯한 느낌까지 받았어요.

자, 보세요. 이 소설은 재미교포 헨리 박(박병호)이 교포 정치인 존 광John Kwang의 성공과 좌절을 후일담 형식으로 들려주는 이야기입니다. 이 과정에서 한편으로는 이민자들의 고난과 성취의 삶이, 다른 한편으로는 존 광이 움직이는 현실 정치의 메커니즘이 씨줄 날줄로 엮이면서 이민자들의 나라 미국에 대한 총체적인 조감도를 만들어냅니다.

좀더 보세요. 헨리 박의 나이는 30세. 직업은 뉴욕 사설탐정소의 정보원. 백인 여성 릴리아와 결혼했고 엘리트 교육을 받은, 흔히 말하는 모범적인 이민자minority model의 전형으로 그려져요. 그러나 이민 2세로서 그는 문화적인 갈등과 아버지와의 애증관계 등 다양한 형태의 정체성의 혼돈을 겪어요. 이는 네이티브 스피커가 아닌 그가 영어를 배우는 과정에서 경험하는 격심한 자의식과 소외감으로 나타납니다.

유교적 가부장제 가치를 고수하는 헨리의 아버지는 한국에서 명문대를 졸업한 유능한 엔지니어였어요. 그가 가족을 위해 낯선 땅에서 고군분투하며 자리잡아 가는 과정은 지금은 우리에게도 익숙해진 이민 1세대의 성공담입니다. 그는 맨해튼의 채소가게를 대여섯 개로 늘려나가고, 백인 부촌으로 이사 가고, 아들을 명문학교에 보내요.

그러나 아버지의 성공은 대가를 치릅니다. 헨리와 백인 아내 릴리아의 어린 아들 미트의 죽음은 인종차별 사회에서 이민자들이 감수해야 하는 현실로 나타나요. 이 소설에서 어린 미트의 삶과 죽음의 의미는 막중해요. 그의 존재는 차별과 배제의 사회에서 화합과 균형, 상생의 가능성을 보여줘요. 그러나 그의 죽음은 이 세상이 아직은 그를 위한 준비가 되어 있지 않다는 것을 말해주지요.

다 함께 잘사는 세상을 만들기 위해서 필요한 것은 무엇인가? 어떤 생각과 행동이 요구되는가? 소수민족 정치인 존 광의 출현은 이 질문과 직결됩니다. 전쟁고아, 뉴욕의 거지, 고아원. 성공적인 사업가이자 시의원, 강력한 차기 뉴욕시장 후보. 파란만장한 그의 이력은 아메리칸 드림의 전형이기도 합니다. 존 광은 인종과 혈연을 넘어서는 우리 집과 같은 세상을 꿈꾸면서 풀뿌리 이민자들의 강렬한 열망을 대변합니다. 이는 백인 중심의 기득권에 대한 도전으로 받아들여져요.

헨리는 존 광의 사무실에 자원봉사자로 투입돼요. 그는 존을 통해 아버지가 대변하는 가족과 교회, 가게를 넘어서는 보다 큰 세계에 눈 뜨게 되면서 자신이 누구인지 묻기 시작해요. 존 광의 성공과 좌절에 대한 헨리의 증언은 그래서 그의 정체성에 대한 탐색이기도 합니다.

자, 소설을 시작하면서 우리는 질문합니다. 존 광의 비전은 무엇이고, 왜 그는 좌절하는가? 그의 꿈은 어떤 방식으로, 누구에 의해 계승되는가?

제1강

이 소설은 치밀하게 짜여진 스파이 소설의 형태를 취하고 있어요. 그리고 냉정하고 통찰력 있는 시선으로, 층층이 얽혀 있는 이민 사회와 백인 주류 사회의 권력 구조를 밝혀내요. 출판 당시 30세의 젊은 교포 작가 이창래가 이를 어떤 방식으로 보여주는지, 그 의미는 무엇인지 살펴보기로 합니다. 시작할까요?

중심인물들을 간단하게 소개하겠습니다. 헨리와 그의 백인 아내 릴리아, 그리고 스파이와 이민자의 특징을 살펴보고, 재미교포 정치인 존 광에 대해서도 알아봅니다.

소설의 화자, 헨리 박(박병호), 그는 누구인가요? 그는 재미교포 2세이고, 뉴욕 사설탐정 회사 스파이입니다. 소설은 그의 백인 아내 릴리아가 혼자 이탈리아 여행을 떠나는 장면으로 시작돼요.

헨리가 누구인지 말해주는 방식이 흥미롭군요. 릴리아는 배웅 나온 헨리의 손에 쪽지를 쥐어줘요. 그 안에는 지난 10여 년의 결혼생활을 통해 그녀가 알게 된 헨리에 관한 정보와 느낌, 인상들이 열두어 개 적혀 있어요. "숨기는 게 많은 사람, 감상주의자, 새로운 미국인." 곧이어 눈에 띄는 단어들이 있네요. "추종자, 배신자, 스파이." 이들은 우리가 앞으로 알아갈 헨리의 정체성을 말해줍니다.

스파이와 배신자라는 단어가 함께 오는 것에 주목하세요. 헨리는 신분을 위장하여 상대에게 접근하고 호감을 사서 정보를 빼낸 뒤 배반해요. 그 과정에서 상대와 자신을 거의 동일시하게 되므로, 상대에 대한 배신은 자신에 대한 배신이 돼요. 스파이와 배신, 이 두 단어가 어떻게 상호작용을 하는지 차츰 알게 됩니다.

결혼 초 몇 년 동안 릴리아는 헨리가 산업 스파이라고 생각했어요. 산업 특허에 관한 기밀을 알아내고 특정 회사의 실험실 등을 관찰한 뒤 속임수나 범죄 행위를 찾아낸다고 생각했어요. 헨리는 그 생각을 묵인했어요. 거짓말을 한 셈이지요. 그러나 그의 일은 산업 기밀과는 상관없는, 특정 개인에 관한 정보를 수집하는 것입니다.

그런데 동양인 이민자 헨리와 백인 여성 릴리아는 어떻게 결혼하게 된 걸까요? 두 사람에게는 어떤 문제가 생겨 릴리아는 혼자 여행을 떠나는 것일까요? 보세요. 그 당시 헨리는 엘파소에 있었어요. 맡은 과제를 막 끝낸 뒤의 흥분과 홀가분함을 느끼고 있었는데 우연히 대학 동창을 만나요. 화가 지망생 동창은 그날 밤 자기 집 파티에 헨리를 초대해요. 다음날 비행기를 탈 예정인 그는 가벼운 마음으로 파티에 가고 그곳에서 릴리아를 만나요.

헨리와 릴리아의 첫 만남은 특별할 것도 없었어요. 맥주를 마시며 의례적인 말을 주고받더니 얼마 뒤 종이컵에 데킬라를 채운 뒤 밖으로 나와요. 릴리아는 헨리에게 김, 박, 최 등의 성씨가 한국계라는 것을 안다고 말해요. 두 사람은 서로 직업을 묻지 않았지만 릴리아는 자기가 하고 있는 일에 대해 말했어요.

우리는 릴리아가 이민들을 위해 자원봉사를 하는 언어치료사인 것을 알게 돼요. 엘파소에는 다양한 이민자들과 불법체류자들이 사는데, 그는 정기적으로 파란색 트럭을 몰고 가서 그들에게 시민들이 보내준 갖가지 일용품들을 전달해요. 영어를 가르치며 발음을 고쳐주기도 해요. 임신한 여자들과 아기를 안고 오는 여자들도 있어요. 아기들도 영어를 들어야 한다고 믿어요. 백인 중산층 출신의 릴리아가 앞으로 어떤 역할을 하게 될지 주목하게 됩니다.

소설의 제목이 '네이티브 스피커'지요? 미국에 살고 있는 백인들, 그러니까 네이티브 스피커처럼 영어를 잘하기 위해 파란색 트럭 주위에 모여드는 이민자들, 임산부, 아이를 안은 여자들, 검은색, 노란색 피부를 한 사람들을 상상해보세요. 왜 그들에게 영어가 이렇게 중요할까요? 차별받지 않고 하여간에 살아내고, 정착하기 위해서이지요.

이민자들이 네이티브 스피커가 되기 위해 치러야 하는 심리적 · 물리적 대가는 어떤 것일까요? 우리는 채소가게로 자수성가한 헨리의 아버지, 헨리와 릴리아의 아들 미트의 죽음 등을 통해 계속 이 질문과 마주하게 될 거예요. 아, 그리고 헨리는 엘파소에서 일주일을 더 머물고 한 달 뒤 릴리아와 결혼합니다.

릴리아가 혼자 여행지로 떠난 날, 헨리는 자기 직업과 동료들에 대해 말해요. 그리고 자신에 대해 이런 설명을 해요. 사람들은 그와 있으면 자신들이 좋은 사람이라고 느끼게 돼요. 그는 유혹하지도, 칭찬을 남발하지도 않아요. 그는 상대방의 내밀한 허영을 공략해요. 상대방이 자신에 대해 가장 듣고 싶어하는 말을 알아내서 불을 지펴요.

헨리의 이런 특징은 그가 주류 사회 출신이 아니라 유능하고 겸손한 모범적인 이민자라는 신분과 상관있어요. 헨리를 고용한 사람은 이민자로서의 이런 특징을 눈여겨봤어요. 이민자와 스파이의 결합을 이용하는 것이지요.

그의 회사는 (편의상 앞으로 회사라고 하지요.) 의뢰인으로부터 특정 개인에 대해 알아봐달라는 주문을 받아요. 우리에게는 흥신소라고 알려져 있지요? 회사는 의뢰받은 개인들에 관한 정보들, 과거와 현재의 이력, 인간관계, 강점과 약점 등을 수집해서 제공해요.

의뢰인들은 어떤 사람들인가요? 다양합니다. 다국적 기업, 외국 기관, 재산과 커넥션을 가진 사람들, 그리고 정부 기관도 있어요. 이들은 자신들의 이익에 반대되는 활동을 하는 사람들, 가령 이민 온 재력가들, 그들의 고국에 있는 노동조합이나 학생단체에 자금을 대는 사람들, 또는 망명 예술가 등에 관한 정보를 원해요. 의뢰인들의 돈과 권력, 영향력, 자본의 원활한 흐름이 직원들의 생계를 보장합니다.

이 회사의 구성을 보세요. 먼저 디렉터 데니스 호글랜드. 그는 혈색 좋고 뚱뚱하고 건강해 보이지만, 위경련이 있고 죽음의 냄새를 풍기는 듯해요. 그는 이 회사를 이민자들이 증가하던 1970년대 중반에 설립했어요. 소수민족 문제를 다루는 유일한 곳입니다.

호글랜드는 이런 말을 해요. '이 시대에 말할 가치가 있는 복잡하고 매력적인 사건은 J. F. 케네디 암살, 워터게이트, 그리고 교황 암살 시도 정도이다.' 또 이런 말도 해요. '내가 누구인지 말해주는 것은 나의 걱정거리이다, 내가 먹는 것, 입는 것, 쇼

핑하는 것이 아니다.' 회사의 컨트롤 타워인 그가 헨리의 일에 어떤 방식으로 개입할지 흥미 있어집니다.

직원들을 보세요. 그들은 각자 담당 영역이 있어요. 그리스 사람 잭 칼란차코스는 지중해 지역 전문가이고 이 일에 종사한 지 20여 년이 돼요. 그가 헨리의 업무를 직접 감독해요. 일본 사람 피트 이치바타. 우울하고 냉소적인 그는 알코올중독이 의심되고 무슬림이 되었다고 해요. 백인 여성 그레이스. 서류와 사진더미 속에 파묻힌 그의 기억 속에는 사무실에서 일어나는 모든 일들이 고스란히 저장되어 있어요. 이들 외에도 중남미와 아프리카 담당도 있고, 필요할 때마다 프리랜서들을 충원해요.

호글랜드의 말처럼 이들은 어떤 정부에도 충성하지 않아요. 이들은 애국자도 영웅도 아니고 무기, 고문, 폭탄과는 상관없어요. 잭은 책상서랍에 권총을 넣어두고 있지만 사용하지 않아요. 이들은 여행자들입니다. 필요한 곳이라면 어디든지 가고 스스로를 사업가라고 말하지만, 스파이들입니다. 자, 이들이 어떻게 상대에게 접근하고 일상 속에서 친하게 지내는지 보세요.

■ ■ ■ 우리는 절묘하고 개방된 정서적 유대를 만들어내는 방식으로 작업을 했다. 지인이 되고, 편한 친구가 되었다. 때로는 연인이 되었다. 사교를 위해 술을 마셨다. 아이들을 안아주기도 하고 복식 파트너가 되기도 했다. 결혼식장에서 쌀을 뿌리고 장례식장에 조화를 놓았다.

교회 지하실에서 달콤한 파이를 먹었다.

그런 뒤 그들의 삶의 흔적들을 기록한, 희미하고 공인되지 않은 자서전을 썼다.

나는 가장 풍부하고 세속적인 역사가였다. (18)*

가장 풍부하고 세속적인 역사가. 헨리의 이 말을 기억합시다. 그가 쓰는 이 후일담은 미국 이민 사회와 존 광에 대한 풍부하고 세속적인 역사가 될 것입니다.

이제 본격적인 헨리의 임무가 시작되는군요. 그에게 재미교포 정치가 존 광에 관한 정보를 수집하라는 과제가 주어집니다. 그는 이 직전에 필리핀 정신과 의사를 담당했었는데 실패했어요. 이 실패를 만회할 기회가 주어진 것이지요.

에밀 루잔 박사는 재미 필리핀 정신과 의사로, 필리핀에 있는 마르코스 동조자들을 후원했어요. 그의 의뢰인들은 그를 위험 인물로 본 것이지요. 헨리는 호글랜드 박사의 추천으로 왔다고 하면서 환자로 위장하여 상담을 받기 시작해요. 꾸며낸 이야기를 그에게 털어놓아요.

'나는 결혼했고, 성공적인 담보대출 중개인이며 현재 인생의 정점에서 안정을 찾은 듯하다. 그런데도 불안하다. 과식을 하

* 이 책의 인용문은 저자가 번역한 것이다. 사용한 텍스트는 *Native Speaker*(Riverhead Books, 1995)이다.

고 하루에 서너 잔의 칵테일을 마시고, 아내와 섹스를 하지 않고, 불면증이고, 느닷없이 분노와 슬픔에 싸인다…' 루잔 박사는 그에게 우울증 진단을 내리며 다정하게 말해요. "괜찮아질 거예요. 곧 자신을 되찾으실 겁니다."

처음에는 잘 진행되던 면담이 차츰 격해집니다. 헨리가 의사에게 진실한 감정을 느끼게 되면서 그의 가짜 이야기와 진짜 이야기가 뒤섞이기 시작해요. 죽은 아들 이야기를 하게 돼요. 왜 이런 일이 일어날까요? 헨리는 자신의 말들을 진심으로 들어주는 의사가 좋아졌어요. 한 번도 자신의 속내를 털어놓지 못하고 살아온 그는 동요되면서 감정 개입이 일어나요.

헨리는 의사에게 위험을 알리려고 하지만 이를 눈치 챈 호글랜드가 상담 도중 헨리를 끌어내요. 얼마 뒤 헨리는 의사가 익사했다는 소식을 들어요. 그래요. 그 일 이후 호글랜드는 헨리를 존 광의 일에 배치한 것이지요. 앞으로 이 의사에 관한 이야기는 계속될 거예요.

자, 본격적으로 존 광에 관한 이야기를 하기에 앞서 헨리의 아파트와 사무실을 보여주는군요. 왜 그럴까요? 헨리의 일상적 환경을 보여줌으로써 그의 감정의 움직임과 행동을 이해할 수 있는 배경을 알려주는 게 아닐까요?

대도시의 한가운데에 있는 그가 사는 아파트를 보세요. 지나치게 넓고 휑한 그곳에서 그는 지금은 혼자 머물고 있지만 곳곳에 릴리아와 어린 아들 미트와의 기억들이 배어 있어요. 여행에서 돌아온 릴리아는 여전히 근처 친구의 집에 머물고 있어요. 아파트를 일별하고 나면 헨리의 불안정한 상태가 느껴져요. 떠돌고 있는 것처럼 위태로워 보여요.

그의 사무실을 보세요. 사무실이 위치한 주변 환경이 자세하게 묘사됩니다. 뉴욕 번화가에 있는 5층짜리 건물, 꼭대기 층에 그의 사무실이 있어요. 복도에는 몰래카메라가 있고 로비도 없고 안내인도 없어요. 누가 물으면 '글리머 앤드 컴퍼니'라는, 군 시설 주변의 조명 관련 자문 회사라고 답하면 됩니다. 건물의 4층, 3층, 2층에는 각각 컴퓨터판매점, 변호사 사무실, 부동산 사무실 등이 있고, 1층에는 발 전문 의원과 정신과 의원이 있어요. 평범한 주변 환경이지요. 어디에도 스파이들의 본거지라는 낌새는 없어요. 하기사 이런 식의 위장 사무실, 흔하지요?

보세요. 사무실 안에서 헨리와 잭이 함께 얘기하는군요. 덩치도 웃음소리도 큰 잭, 그의 부모는 아테네의 빈민가에서 힘들게 살았어요. 먹고사는 것이 급했던 그에게 어느 날 어떤 사람이 50달러를 주면서 트럭을 운전해달라고 했어요. 그다음에는 돈을 더 받으며 건물을 폭파하고 사람을 납치하고…, 그런 식으로 지금까지 20여 년을 일했어요. 아내가 얼마 전 경부암으로 죽고 그 또한 쇠약해져서 현장 대신 사무실에서 요원들을 관리합니다.

이날 두 사람은 헨리의 새 작업에 착수해요. 대상은 재미교포 사업가이자 시의원, 존 광. 두 사람은 먼저 미디어에 나타난 존 광에 관한 정보들을 확인해요. 그는 재수 끝에 2년 전에 시의원에 당선되었고 현재는 유력한 차기 시장 후보입니다. 얼마 전에는 지역의 주요 잡지 표지에 등장한, 아시아의 떠오르는 별이에요.

현재의 흑인 시장, 데 루스는 기회가 있을 때마다 존을 칭찬해요. 그는 미디어가 주목하는 존을 공격하는 것은 어리석은 일임을 알아요. 일주일 전에도 그를 정열적인 음성을 가진, 뉴욕이라는 큰 합창단원이라고 불렀어요. 그래요. 데 루스 시장은 노회한 직업 정치인이에요. 그는 존 광과 같은 소수민족 정치인의 도전을 받을 때 어떤 게임을 해야 하는지 알아요. 그런 인물의 열정을 인정하면서도 과격하고 독선적으로 보이게 만들어서 그를 주변화시키고 고립시켜요.

지금 데 루스 진영에서는 잠재적인 라이벌 존을 공격하기 시작해요. 그들은 존이 이중언어 정책을 추진하고 스페인어 교육을 축소하려 한다고 비난해요. 또 학교에서는 영어 교육만 하고 학교 밖에서는 각자의 모국어 교육을 하도록 지원하려 한다고 공격해요. 현재의 여론은 이중언어 정책에 반대합니다. 이민자들에게 지금보다 더 많은 혜택을 주는 것을 거부해요. 무엇보다 그들은 존이 도시 전역에 퍼지는 한인 사업에 대한 흑인들의 거부와 관련하여 화해적인 태도를 취하는 것을 공격합니다.

보세요. 두 가지 핵심 이슈가 등장합니다. 이민자들을 위한 언어 정책과, 한인과 흑인 간의 갈등. 언어 정책은 '네이티브 스피커'라는 소설의 제목과 이민 자녀들에게 영어 교습을 해주는 릴리아를 떠오르게 합니다. 한인과 흑인의 갈등은 미국 사회 전반에 깔려 있는 인종차별의 긴장을 반영하고 있어요. 그러니까 앞으로 전개될 존 광의 스토리는 다인종, 다문화로 이루어진 미국 사회의 복잡한 구조를 기반으로 하고 있어요.

계속하지요. 우리는 존 광에 대해 좀더 알게 됩니다. 존의 아내 메이(한국 이름 권수정)는 서울 태생이고 40세입니다. 이화여대에서 영문학을 전공했고 재벌 회장이었던 그녀의 부친은 3년 전에 사망했어요. 모친과 두 명의 남자형제와 한 명의 여자형제는 서울에 살고 있어요. 메이는 미국에서 존을 만났는데 어디서 어떻게 만났는지는 알려져 있지 않아요. 결혼증명서에 의하면 그들은 15년 전 퀸즈에서 결혼했고, 피터와 존이라는 8살, 5살 난 아들을 두었어요. 존은 플러싱에 있는 한인 교회의 장로이고, 메이는 자원봉사자로 일하며 어린이 성경공부를 담당해요. 그래요. 존 광 부부는 모범적인 부모이자 신앙인이고 무엇보다 미합중국 시민들입니다.

여기서 질문을 하게 돼요. 스파이를 누가 고용해서 존 광에 관해 무엇을 알아내려는 것일까? 그것은 존 광의 정치적 비전과 관계있어요. 그는 지금 소수민족 정치인으로서 막강한 영향력을 가지고 있어요. 그를 경계하는 집단은 그가 너무 성장하는 것을 원하지 않아요. 필요할 때 제거하기 위한 정보를 수집하려는데, 그것은 돈과 관련 있어요. 잭이 헨리에게 말해요.

■ ■ ■ "존 광은 자신의 정치적 기반을 알고 있소. 그는 식료품점과 세탁소 주인들이 주는 기부금에 전적으로 의존하고 있소. 예배 후에 교인들은 돈 봉투를 아낌없이 그에게 건넨다고 해요. 당신이 그걸 직접 확인해야 하오."

나는 짙은 색 양복에 흰 장갑을 낀 존 광과 그의 뒤, 연단 위에 놓인 정중하게 묶인 기부금 자루를 상상했다. (38)

헨리는 아버지도 살아계실 때 존에게 기부금을 주었는지 궁금해합니다. 간단하게 넘어가는 이 부분, 그의 지지자들의 기부금이 뇌관이 됩니다. 앞으로 알게 될 거예요. 아버지를 비롯한 한인 교민들은 '계' 모임을 통해 목돈을 준비하여 장사 밑천으로 삼았어요. 그리고 존은 이를 모델로 그의 머니클럽을 만들어 이민자들의 자립을 돕게 됩니다. 이렇게 존과 후원금이 표면에 등장해요. 이 문제를 집중 파악하는 것이 헨리의 과제입니다.

책임자 호글랜드가 등장합니다. 붉은 레인코트를 입고 캔버스 천으로 된 낚시 모자를 쓴 그는 노크도 없이 개를 데리고 들어와요. 그는 곧바로 헨리에게 존 광의 홍보팀으로 들어가라고 지시해요. 존이 다음 주에 플러싱에 사무실을 여는데 자원봉사자로 일하라는 것이지요. 그러면서 덧붙여요. "존 광이 현재 시장과 한판 붙을 거라고 하는데, 나는 존이 질 거라고 생각해. 데 루스는 너무 노련하거든. 하여간에 자네는 존의 참모들의 전화 업무를 맡게 될 걸세."

모두들 존에게 시장 선거 출마를 부추기며 그의 승리를 자신하고 있는데, 호글랜드는 그가 패배할 거라고 하는군요. 근거가 있는지 궁금해집니다. 이날 호글랜드는 헨리에게 스파이의 지침과도 같은 말을 합니다. 그 말을 통해 미국 사회에서 사설탐정이 존재할 수 있는 환경에 대해서, 이들이 작동하는 방식에 대해서 생각하게 돼요.

■ ■ ■ "그냥 얌전히 있어. 눈에 띄지도 않고, 특징도 없게. 사람들이 당신 목소리를 듣고 당신을 신뢰할 수 있도록 말하게. 하지만 그 이상은 안 돼. 중요한 것은 사람들이 당신에 대해 두 번 생각하지 않도록 행동하는 것이야. 알겠나?" (44)

■ ■ ■ "당신이 아무리 똑똑해도 세상 전체를 볼 수는 없어. 그림이 너무 크

니까. (…) 세상에 악이란 없어. 그냥 세상일 뿐이지. (…) 이민 온 당신 아버지와 어머니가 그걸 당신에게 가르쳐주었길 바라네. 우리 아버지는 장사가 잘되는 술집을 세 곳이나 가지고 있었지만, 파산하고 알코올중독자가 되어 죽었네. 처음에는 유대인들이 덤비고 다음에는 백인들이, 그리고 나중에는 당신 같은 사람들이 쥐어짰지. 내가 화났느냐고? 천만에. 우리 같은 사람들, 그러니까 비주류들은 돈이 아무리 많아도 소용없어. 아무리 세탁소를 많이 가지고 있어도 언제나 우리보다 더 힘센 자들이 있어. 그들이 원하기만 하면 우리를 파괴하고 몰락시키지." (46)

호글랜드의 이 말은 의미심장합니다. 그가 반복해서 강조하는 것을 보세요. 우리 같은 사람들, 즉 이민 온 비주류들은 분수를 알아야 한다, 눈에 띄지도 말고 정해진 자리에서 조용히 살아야 하는 거다, 모난 돌이 되면 징 맞는다. 그래요. 비주류가 경험한 미국 사회는 잔인하고 어두운 곳이군요. 균등한 기회, 근면성실이 보장하는 성공 신화의 이면입니다.

이런 현실은 이민자들의 사회적·심리적 위축의 원인이기도 합니다. 그래서일까요? 호글랜드는 이민자들을 스파이로 선호해요. 나서기 좋아하는 백인들에 비해 눈에 띄지 않으면서 잘 적응하고 호감을 주고 성실한 이민자의 특징이 유능한 스파이의 조건이라는 것이지요.

헨리는 이날 호글랜드에게서 존 광의 핵심 참모들에 관해서도 자세한 정보를 얻어요. "존의 최측근 참모 홍보미디어 담당 셰리 친-왓. 나이는 33, 4세쯤이고 존 광과 작년에 합류했음. 그전에는 로스앤젤레스에 있는 ACLU 사무실의 유능한 변호사였음. 샌프란시스코에서 태어난 중국계 미국인이고, 부모는 작은 가발가게를 운영함. 고등학교 때 배구선수였고, 버클리대를 거쳐 법대 졸업. 작년에 투자은행가와 결혼. 모로코로 신혼여행. 부부는 센트럴파크 웨스트에 공동주택을, 이스트 햄튼에 방갈로를 소유함. 아이는 없음. 셰리는 자궁내막염을 앓고 있음. 부부는 식사는 밖에서 따로 함. 일주일에 두 번 친정에 전화함."

이들 조직의 정보망은 거미줄처럼 치밀하군요. 호글랜드는 헨리에게 정신과 의사의 경우를 상기하면서 이번 일이 그때의 실수를 만회할 기회임을 강조해요. 헨리와 존 광이 한국인이라는 동질성 때문에 생길 위험 가능성을 미리 경고해요. 그러나 헨리는 존에게 끌리게 돼요. 존은 아버지가 대변하는 좁은 한인 사회의 경계를 넘어 보다 넓은 세상을 향해 큰 목소리를 내고 있어요. 이렇게 헨리는 갈등 구조 안으로 들어가게 됩니다.

Native Speaker

제2강

오늘은 헨리의 어린 시절과 부모님, 그리고 어머니가 돌아가신 뒤 한국에서 온 '아줌마'에 대해 알아봅시다.

우리는 헨리가 존 광의 사무실에 합류하기 전에 아버지 세대의 가치와 문화를 일별하게 됩니다. 이는 앞으로 그가 존 광을 알아가면서 아버지를 이해하게 되고 존의 비전에 동조하게 되는 복잡한 과정을 준비하는 것과 같아요.

그러니까 1960-70년대 한국전쟁에서 벗어나고 있던 시절, 아버지 세대는 피부색도 생김새도 언어도 다른 낯선 땅에 겨우 몇백 불을 가지고 왔어요. 청과점을 차리고, 밤낮없이 고군분투합니다. 몇 개의 채소가게를 갖게 되고, 백인들의 고급 주택가로 이사하고, 아들을 일류 대학에 보내요. 아버지의 성공 스토리는 근검과 절약, 불굴의 의지로 역경을 이겨낸 이민 1세대의 전형적인 아메리칸 드림의 기록인 것이지요.

여기서 우리는 아버지의 성공을 가능하게 해준, 교민들의 계에 대해 알게 돼요. 몇백 불을 가지고 미국 땅에 도착한 아버지가 목돈을 마련할 수 있었던 것은 교민들끼리의 '계' 모임 덕분입니다. 이 모임의 회원들은 정기적으로 일정한 회비를 내고 그 총액을 한 사람에게 줍니다. 그는 그 목돈을 종잣돈 삼아 가게 권리금을 내고 장사를 시작합니다. 그러니까 곗돈은 교민들의 장사 밑천, 마중물입니다.

한국 교민들이 가게를 열 때 마중물 역할을 했던 목돈과 계 모임을 기억해두세요. 앞으로 알게 될 것이지만, 존 광은 자기의 정치 기반이 되는 교민들, 소상인들이 보내주는 크고 작은 후원금을 모아서 가난한 이민자들이 자리 잡을 수 있도록 계 모임과 유사한 머니클럽을 운영하게 돼요. 이는 탈세 혐의의 빌미가 되어 그를 추락시키는 계기가 됩니다.

좀더 보세요. 아버지 세대는 교민들끼리의 결속력도 강했어요. 계를 통해 기반을 다지고, 주말이면 가족들끼리 공원에서 배구도 하고 바비큐도 먹었어요. 그들은 이 시기를 좋았던 시절로 기억합니다. 돈을 벌어 더 큰 집으로 이사 가고 더 큰 차를 몰면서 그들의 결속력도 약해져요. 미국 친구들을 사귀고 자녀들을 좋은 기숙학교에 보내면서 미국 중산층 문화 속으로 들어갑니다.

그런데 성공을 이루면서 그들이 치르는 대가가 만만치 않다는 것을 작가는 생생하게 그려내고 있어요. 헨리는 백인들이 사는 부자 동네로 이사 온 뒤 아버지와 어머니의 생활을 기억해요. 그들은 금지된 지역에 들어온 듯, 그 동네에 자신들은 존재하지 않는다는 듯, 숨죽이면서 사람들 눈에 띄지 않도록 조심해요. 가령 운동 시합 때 헨리를 보러 체육관에 온 아버지는 백인 부모들처럼 소리치며 응원하지 못하고 멀찍이 서서 둘둘 만 신문지로 자기 허벅지를 칠 뿐이지요. 어머니는 케이크를 만들다가 설탕이 떨어져도 케이크를 망칠지언정 옆집에 빌리러 가지 않아요. 그 모습은 마치 부잣집에서 환영받지 못하는 불청객이 흉 잡히지 않으려고 안절부절 못하는 것처럼 보이는군요.

어린 헨리는 궁금했어요. 아버지와 어머니는 무엇이 저렇게 무서운 걸까. 백인들이 우리를 어떻게 생각하는지, 왜 저렇게 전전긍긍하는가.

■ ■ ■ 나는 궁금해하던 것이 기억난다. '어머니는 무엇을 그렇게 두려워할까?' 어떤 나쁜 일이 생기길래 사람들이 우리를 어떻게 생각하는지 그렇게 전전긍긍할까?' 우리는 흠잡을 것 없이 완벽한 우리 동네를 걸어갈 때면 발이 아픈 듯 얌전하고 조심스럽게 걸어야 될 것 같았다. 백인 기득권층과 유대인들 옆에 사는, 미소 짓는 것 외에는 어떤

교류도 없는, 소리 없는 동반자들. 우리에게는 모든 것이 언제나 다 괜찮았고, 완벽한 예의바름으로 치장된 우리를 어떤 것도 건드릴 수 없고, 분노나 슬픔을 느끼게 할 수 없는 듯했다. 우리는 미국적인 것이면 무엇이든지 믿었다. 깊은 밤 윤이 나도록 사과를 닦고, 완벽하게 다림질한 바지를 입고 완벽한 신용을 가짐으로써 미국인들을 감동시키고 돈을 벌 수 있다고 믿었다. (52)

이런 이민 생활 중에서도 부모들을 지탱하고 있는 것은 유교적 가치들입니다. 과묵한 아버지는 가족들에 대한 애정과 책임감이 철저해요. 다른 교민들처럼 그의 세계 또한 채소가게, 가족, 그리고 한인 교회에 한정되어 있어요. 어머니는 그의 권위와 명예를 존중하고 순종합니다. 어떤 경우에도 아들이 아버지를 무시하는 것을 묵인하지 않아요. 어쩌다 말대꾸하는 아들의 등짝을 세게 내려치면서 일류 대학을 나온 훌륭한 엔지니어였던 아버지가 누구를 위해 이곳에서 고생하는지 가차 없이 일깨워줍니다.

사춘기를 거치며 헨리의 아버지에 대한 감정은 복잡해져요. 엉터리 영어를 내뱉고, 상한 채소 냄새를 풍기고, 백인 고객들에게 아들의 완벽한 영어를 자랑하고 싶어 못 견디는 아버지. 그에게 반항하듯 아들은 일부러 그들이 알아들을 리 없는 한국어를 큰 소리로 말하면서 스트레스를 풀었어요.

■ ■ ■ 아버지는 장사에 도움이 될 거라고 생각한 듯, 그들에게 내가 얼마나 영어를 잘하는지 보여주라고, 자랑하라고, 슬쩍 셰익스피어도 두어 개 외워보라고 재촉했다. (…) 그러나 나는 내가 제일 잘하는 한국말로 다른 사람들에게 투덜댔다. 아버지를 약 올리기 위한 것도 있지만 그보다는 내가 우리가 일할 때 쓰는 말을 계속 하면 고객들에게 보이지 않을 것 같아서였다. 나는 거기 없었다. 그들은 나를 보지 않았다. 나는 그들을 위협하지 않는 깔끔하게 생긴 그림자였다. 늘어진 목주름에 꽉 조이는 진주목걸이를 한 늙은 부자 여자가 바로 내 뒤에서 친구에게 '동양의 유대인'이라고 속닥거리는 것도 보았다. (53)

여기서도 언어 문제가 등장하지요? 헨리는 말해요. 그가 한국말로 떠드는 한, 백인들 눈에 그는 보이지도 않아요. 그들의 눈에 영어가 아닌 말을 하는 사람은 투명인간입니다. 흑인 작가 랠프 엘리슨의 소설 『투명인간Invisible Man』이 떠오릅니다. 남북전쟁 이후에도 여전히 엄혹했던 흑백차별 사회에서 흑인들은 백인들에게 보이지 않았어요. 헨리는 백인들에게 흑인들이 투명인간 취급을 받았듯이 영어를 못하는 이민자들은 무시당하고 있는 현실을 지적하고 있어요. 그래서 이민자들은 어른부터 어린아이까지 투명인간이 되지 않으려고 낮이고 밤이고 영어를 배우는 것이지요.

헨리는 아버지에 대한 양가 감정에도 불구하고 부모님의 서로에 대한 존중과 아들에 대한 애정을 기억해요. 아버지는 어머니에게 사랑한다는 말을 한 적도, 이름을 부른 적도 없지만, 어머니를 극진히 존중했어요. 술 담배를 입에 대지도 못했던 어머니가 갑자기 간암에 걸렸을 때도 그들은 어린 아들에게 사태를 알리지 않았어요.

헨리가 열 살 때 어머니가 돌아가신 뒤 아버지는 아들이 학교에서 빈집에 혼자 돌아오기 전에 매일 오후 4시면 집에 와 있었어요. 두 사람은 중국집이나 인도 음식점, 때로는 시내에 있는 한국 음식점에 가서 식사를 했어요. 아들은 그 시기를 거치면서 자기 역시 불확실하거나 그늘진 상처 같은 것을 용납하지 않고 감정을 억제하는 모습을 아버지에게 보이고 싶었다고 말해요.

헨리는 자기가 릴리아와 결혼하는 것을 좋아하는 아버지에게 놀랐어요. 그가 대학 다닐 때 백인 여학생과 데이트를 하면, 아버지는 부자 동네에서 사는 걸 알고 널 이용하는 거다, 하면서 한국인과 결혼해야 한다고 늘 말했거든요. 아버지는 아마도 릴리아의 부모가 아들의 장래를 위해 도움이 될 거라고 생각했는지도 모릅니다.

하여간에 성인이 된 지금도 아버지에 대한 헨리의 감정에는 부끄러움과 존경이 뒤섞여 있어요. 이는 존 광에 대한 그의 기대와 찬탄을 설명하는 단서가 되기도 합니다. 앞으로 그는 아버지와 존을 비교 대조하면서 아버지를 이해하게 되고, 교민 사회의 테두리를 넘어서 큰 세계에 대한 비전을 키우는 존 광을 존경하게 됩니다.

이제 아줌마의 이야기를 할까요? 어머니가 돌아가신 후 몇 달 뒤 한국에서 '아줌마'가 옵니다. 아줌마는 헨리의 이야기에서 잠깐 등장해요. 그러나 20년이 넘도록 아버지와 헨리를 위해 빨래하고 청소하고 밥을 하면서 집안 살림을 해왔어요. 영어 한마디 못하고 헨리의 집안을 중심으로만 20여 년을 살다간 인물. 그에 관한 일체의 정보, 이름조차 알려지지 않은 고립의 삶을 살다간 아줌마. 그러나 보세요. 작가가 어떤 방식으로 아줌마의 삶을 인정하는지, 완전하게 삭제되는 삶이란 없다고 말하는지 보세요. 아줌마에 대한 이야기는 한 특이한 여성의 삶에 관한, 그리고 아버지와 헨리의 삶에 관한 이야기이기도 합니다.

아줌마가 처음 등장하는 장면입니다. 늦은 밤 아버지는 공항에 나가 아줌마를 데리고 집에 와요. 어린 헨리의 눈에, 어둠속 아버지의 셰브롤레 차 옆에 움직이지 않고 서 있는 여자 모습이 흐릿하게 보였어요. 옆에는 엄청나게 큰 찌그러진 트렁크 두 개와 김치와 반찬 냄새가 진동하는 단지들이 든 상자들이 보였어요.

아줌마의 짐을 보면서 생각나는 게 있어요. 그 당시 이민가방이라는 게 있었지요. 큰 가방 속에는 그들이 떠나온 고향을 말해주는 것들, 가족사진은 물론이고 이불, 한복, 고추장, 된장, 장아찌 등 먹거리들이 있어요. 고국을 말해주는 물건들, 특히 먹거리들을 세세하게 챙겨오는 것이지요.

생각나요. 그 옛날, 어쩌다가 명절 때를 제외하고는 한복을 입지 않은 세대이지만, 너나없이 여학생들의 커다란 유학가방 안에는 한복이 들어 있었어요. 나도 연분홍 저고리와 남색 치마 한 벌을 가져갔어요. 생각만 해도 웃음이 나네요. 그걸 입고 갈 곳이 어디 있었겠어요. 청바지와 티셔츠 하나로 허둥거리며 기숙사와 도서관을 헤매던 시절이었으니까요. 그래도 추수감사절에 학과장이 학생들을 초대했는데, 그걸 어색하게 뻗쳐 입었어요. 식사 후 홀에서 탁구 시합을 하는데, 한 손으로 치마허리를 붙들고 다른 한 손으로 라켓을 흔들었지요. 아이고!

하여간에 그 당시 큰 이민가방 속에는 고국의 흔적들이 잔뜩 들어 있었어요. 이런 것과 같지 않나요? 큰 나무를 먼 곳으로 옮겨 심을 때, 원래 있던 뿌리의 흙무더기를 많이 가져가요. 흙 속의 작은 미생물들과 잔뿌리들까지.

자, 이날 밤 아줌마의 출현을 헨리에게 설명하는 아버지를 보세요. 아버지는 키가 작고 땅딸막하고 얼굴에 마맛자국이 있는 아줌마를 손님방으로 안내한 뒤 아들과 식탁에 마주 앉아요. 곤란한 상황이면 늘 그리하듯 그는 서투른 영어로 말해요.

■ ■ ■ "헨리, 너도 아다시피 지금 힘든 상황이야. 엄마는 돌아가시고 집에는 아무도 없어. 넌 너무 어려서 감당하기 어려워. 좋은 아줌마가 널 위해 집안 살림도 해주고, 맛있는 저녁도 해주고, 청소도 해줄 거야. (…) 너한테 미리 말했어야 했지만, 네가 안 좋아할 걸 아니까. 어쩌겠냐. 난 아침에 가게에 가서 밤 9시, 10시나 되어야 집에 오고. (…) 우리 큰 집으로 이사도 갈 거다." (63–64)

아들이 이사를 반대하려고 하자 아버지는 이번에는 한국말로 단호하게 말해요. "더 이상 말하지 말자. 저 사람은 우리와 함께 새집으로 이사 가고 널 돌봐줄 거다. 내가 결정한 일이야."

이렇게 헨리와 아버지의 삶 속으로 들어온 아줌마는 폐렴으로 죽을 때까지 그 후 20여 년을 함께 살아요. 헨리는 이름뿐만 아니라 그녀에 대해서 아무것도 모르고 알려고 하지도 않았어요. 그녀는 단지 아줌마일 뿐이었어요.

그녀의 삶은 자신만의 영역에 한정되어 있었어요. 부엌과 찬방에 딸린 작은 방 두 개, 작은 욕실 등에는 헨리의 출입도 허용하지 않았어요. 라디오나 텔레비전도 보는 것 같지 않았어요. 언젠가 작은 콧노래 소리가 들리는 듯해서 가까이 가니 뚝

그쳤어요. 어쩌다가 헨리의 친구들이 집에 오면 사라지고 없어서 그녀를 좀비가 아닌가 농담했어요. 그래요. 그녀는 마치 사람들이 없을 때만 나와서 밥해놓고 사라지는 우렁각시를 연상시키기도 했어요.

그녀는 릴리아와 미트에 대해서도 적의를 나타내고 경계를 풀지 않았어요. 이런 아줌마에게서 릴리아는 학대받고 버림받아 두려움에 떠는 어린아이를 보기도 했어요. 그 오랜 시간을 아줌마에 대해 철저하게 무관심한 헨리에 대해서 두려움을 느끼기도 했어요. 이렇게 그녀는 홀로 고립되어 보였어요.

하여간에 우리는 알게 됩니다. 아줌마는 좀비도 우렁각시도 아니고 완벽하게 고립된 존재도 아니에요. 그래요. 여러분과 나는 지금까지 소설을 읽으면서 무대 중앙 조명 안에 있는 인물만이 아니라 가장자리 그늘 속에 서 있다가 사라지는 인물들도 중요하다는 것을 알게 되었어요.

보세요. 대학에 들어간 후 봄방학 때 집에 온 헨리. 밤늦은 시각, 우연히 아버지 방 앞에 찻잔을 들고 서 있는 아줌마를 봐요. 긴 잠옷을 입고 머리를 풀어내린 아줌마의 부드러운 얼굴에 그는 놀라요. "아버지가 목이 마르시대. 들어가서 자." 다시 어느 날 헨리는 책을 읽으려고 다락방에 올라가요. 작은 창으로 무심히 밖을 내다보다가 정원에 있는 아버지와 아줌마를 보게 돼요. 두 사람은 각각 자리를 잡고 텃밭을 고르고 있었어요. 자연스러운 그 모습이 인상적이어서 헨리는 긴 생각에 빠집니다.

■ ■ ■ 그들은 정원에서 꽃밭의 딱딱해진 흙을 뒤집고 고르며 일하고 있었다. 그들은 내가 친구들과 외출했다고 생각했음이 분명했다. 그들이 무슨 일을 해서가 아니었다. 그들은 서로 말도 하지 않았다. 그저 함께 있었고 그런 상태를 원하는 것처럼 보였다. 집 안에서도 그들 사이는 그것과 다르지 않았다. 나는 그들이 나란히 쪼그려 앉아서 흙고랑을 따라 작은 손 부삽과 삼각 갈고랑쇠를 서로 건네며 움직이는 것을 바라보았다. 일을 끝내자 아버지는 일어나서 늘 하는 식으로 등을 쭉 폈다. 그녀에게도 같이 하라고 손짓을 했다.

그녀는 무릎을 펴고 일어나서 그를 따라 두 손을 엉덩이에 얹고 천천히 몸을 돌렸다. 그러자 나는 그녀가 돌연 다른 사람, 진정으로 자신의 삶 앞에 서 있는 사람처럼 보인다고 생각했다. 그들은 무슨 일인지 가볍게 웃었다. 서너 주일 동안 나는 아버지가 그녀와 결혼할까 봐 겁이 났다. 그러나 그들 사이에 그런 일은 일어나지 않았다. 그때도 그 이후에도. (79–80)

무엇이 느껴지나요? 두 사람 사이의 말없이 오고가는 미소, 어색한 긴장도 눈에 띄는 친밀함도 없이 그냥 작은 삽과 호미를 서로 건네며 흙을 고르는 모습. 작가가 이때의 아줌마를 "진정으로 자신의 삶 앞에 서 있는" 인물이라고 표현하는 것에 주목하세요.

아줌마와 아버지는 말없이 흙을 고르고 가꾸듯이 서로 만나고 있어요. 채소가게와 아들만이 전부로 보이던 아버지의 삶에 아줌마와 함께하는 조용한 평온함도 있었던 것이지요. 작가는 이렇게 학대받고 버려진, 낯선 땅에서 박제된 듯한 아줌마의 삶에 따뜻한 기운을 부여했어요. 아줌마가 급성 폐렴으로 죽었을 때, 아버지는 그녀의 유언에 따라 화장한 유해를 황금 테두리를 한 항아리에 넣고 한국으로 보내요. 그녀의 삶에 예우를 다합니다.

Native
Speaker

제3강

지금까지 헨리의 가족사를 간단히 살펴보았어요. 이는 헨리가 존 광의 스파이로 파견되기 위한 준비 작업입니다. 이번 시간에는 플러싱에 있는 존 광의 사무실과 무엇보다 헨리의 아들 미트의 죽음에 대해 알아보기로 합니다.

헨리가 기차를 타고 맨해튼을 빠져 나가 존 광의 사무실로 출근합니다. 존의 정치적 기반이 되는 이민자들의 삶의 터전, 이른 아침 플러싱의 거리는 담배 연기와 시가 냄새로 자욱하고, 사람들은 쉴 새 없이 트럭에서, 작은 밴에서 갖가지 물건들을 실어 내리고 실어 올려요. 한인들, 인도인들, 베트남인들, 남미와 아프리카인들. 노란색, 갈색 피부를 가진, 보도 듣도 못한 곳에서 온, 누가 누구인지 알 수 없는 수많은 사람들. 그들은 김치, 검은콩, 코코넛 밀크, 생강, 노란 카레 등 먹거리는 물론이고 돈 되는 것이면 무엇이든 사고 팔아요. 일 년 열두 달 매일 매 순간 숨 가쁘게 움직여요. 소상인들, 일용직 노동자들, 노점상들, 이들이 존의 지지자들입니다. 그들은 존에게 열광하고 후원금을 내고 그를 위해 자원봉사를 해요. 보세요.

헨리는 플러싱 거리를 걸으며 도처에 붙어 있는 존의 이름을 봅니다. 가게 창문에, 자동차에, 지하도 입구에, 그의 포스터가 곳곳에 붙어 있어요. 단정한 복장을 한 젊은 자원봉사자들이 시의원 존 광의 메시지가 적힌 전단과 팸플릿을 나눠줘요. 존의 사인이 들어 있는 단추들, 볼펜들, 열쇠고리 등을 줍니다.

존 광에게 처음 후원금을 낸 가게의 금전등록기 위쪽에는 존의 웃는 사진이 걸려 있어요. 그 주위로는 그와 주인이 함께 찍은 사진도, 주인 아들의 아이비리그 졸업장과 미국 시민증도 걸려 있어요. 존을 둘러싼 분위기는 이렇게 미래에 대한 낙관으로 가득 차 있어요.

시장 선거는 한참 남았는데, 미디어는 벌써 시의원 존의 시장 출마 가능성을 보도하고 있어요. 그의 선거 참모들은 사방으로 그를 홍보하기 시작해요. 존이 시의원에 당선된 후 퀸즈 지역 강력범죄율이 떨어지고 학교 시험 성적이 올라갔다고 알리고 있어요.

존 광이 가는 곳마다 카메라맨들이 따라와요. 뉴스 감독들은 그의 젊은 얼굴, 웃음 띤 두 눈, 이제 막 보이기 시작하는 잔주름들이 시청자들에게 어필하는 것을 눈여겨봐요. 홍보참모 셰리의 지휘 아래 그는 사람들이 좋아할만 한 일들을 해요. 가령 남미 소년 클럽에서 히스패닉 젊은이들과 대화를 하고, 맨해튼 호텔의 파티에 참석하고, 스태튼아일랜드에서 조합 대표들과 골프를 치고, 무엇보다 흑인 교회 지도자들과 걸어가며 존재감을 나타내요.

헨리는 이런 열기 속에서 일하기 시작해요. 반복하지요. 존 광에 대한 의뢰가 들어왔고 그는 그의 사무실에 자원봉사자로 투입되었어요. 의뢰인은 누구인가요? 그에 관한 정보를 어디에 이용하려는 것인가요? 이 질문을 기억하세요.

헨리는 처음 얼마 동안은 존을 만나지도 못해요. 그는 사무실에서 전화를 받고 복사를 하고 길에서 뉴스레터를 돌려요. 그즈음 한인 채소가게에서 일하는 페루인들이 낮은 임금과 열악한 근로 조건에 항의하여 데모를 해요. 아버지의 가게에서 이런 일들을 겪었던 헨리가 그들을 진정시켜요. 정규직들이 자리를 비운 상태에서 그는 그들에게 존 광의 사무실을 보여주며 말해요. 존이 한인 가게 주인들에게 영향력이 있다, 그는 임금과 노동의 공정함을 믿으니 다음에 열리는 한인 사업가들의 모임에서 의견을 말할 것이다, 확실하게 당신들의 뜻을 그에게 전달하겠다. 헨리는 이렇게 말하고 그들에게 작은 선물까지 주었어요. 이 일로 그는 실무진들에게 능력을 인정받아요. 차분한 그의 동양인 얼굴이 신뢰를 주고 흥분한 사람들을 진정시킨다는 것이지요.

헨리는 스케줄 담당 젊은 백인 여성 변호사 제니스와 일하게 됩니다. 또 한 사람의 자원봉사자 에두아르도를 보세요. 앞으로 그는 존 광의 스토리에서 결정적인 역할을 할 것입니다.

헨리와 같은 팀에서 일하는 23세의 이 거구의 도미니카 출신 청년은 밤에는 세인트존대학교에서 정치학을 공부하며 로스쿨 진학을 원하고 있어요. 낮에는 식당에서 보조요리사로 일하고 시간이 날 때마다 존의 사무실에서 자원봉사를 해요. 존이 거리 인터뷰를 할 때 사람들이 밀려들면 존과 군중 간의 거리를 유지하면서 주변 정리를 해요.

에두아르도는 존의 전적인 신임을 받아요. 늘 그 옆에 있고 그와 권투하는 흉내를 내기도 해요. 존은 에두아르도에게서 자신의 젊은 시절의 성실함과 열정을 보고 지원해요. 그런데 보세요. 에두아르도도 호글랜드가 이곳에 심어놓은 스파이예요. 정보의 정확성을 위해 점조직으로 그를 여기 배치한 것이지요. 존은 물론 헨리조차도 소설의 끝에 가서야 이를 알게 돼요.

이렇게 존 광은 두 명의 스파이의 시선 아래 있어요. 헨리와 에두아르도. 그런데 그는 이 두 사람을 가장 신뢰하고 좋아해요. 존의 보좌관들은 헨리에 대해 궁금해합니다. 제니스는 그에게 생계를 위해서는 무슨 일을 하는지 물어요. 그는 애매하게 프리랜서 작가라는 식으로 얼버무려요. 존과 같은 인물에 대한 책을 쓰는 거라고 상상하게 만들어요.

어느 날 참모 셰리와 제니스, 헨리 세 사람은 곧 있을 존과 흑인 교회 지도자들의 만남을 앞두고 현장 답사를 하게 돼요. 그 과정이 자세하게 묘사됩니다. 존이 걸어오는 길, 멈춰 서서 사람들과 악수하는 지점, 카메라를 가장 잘 받을 수 있는 곳 등을 철저하게 점검하고 예행연습을 해요.

지금부터 이 지역에서의 존 광의 정치·사회적 역할이 부각되기 시작해요. 동시에 용광로처럼 들끓는 한인 사회와 흑인들 간의 불협화음과 갈등이 수면 위로 떠올라요. 벌써부터 흑인들은 대여섯 곳의 한인 채소가게 불매운동을 벌이고 있어요. 지역 전체에 특유의 친화력과 유연한 태도를 가진 존 광이 사태를 잘 해결할 것이라는 기대가 커지고 있어요. 그 와중에 제니스는 현재의 흑인 시장의 스캔들에 관한 정보를 얻게 돼요. 이는 존이 다음 시장에 도전할 때 유리하게 작용하겠지요.

우리는 아직 존 광을 만나지 못했지요? 곧 그를 만나게 되고 그의 말을, 목소리를 듣게 될 것입니다. 정치인으로서의 그의 비전을 확인하게 될 거예요.

자, 보세요. 헨리가 존을 만나기 전에, 한 가지 중요한 일이 언급됩니다. 헨리의 아들, 일곱 살 난 미트가 죽는 과정입니다.

한인 이민 2세 헨리와 백인 중산층 릴리아의 아들, 미트의 죽음은 헨리 가족의 비극만이 아니라 인종차별 사회에 대한 심각한 질문을 던져줍니다. 미트의 죽음은 나중에 알게 될, 존 광의 어린 아들이 겪는 차별과 폭력으로, 그리고 그의 정치적 좌절로 연결됩니다. 존 광이 등장하기 전에 미트의 죽음의 과정이 상세하게 말해지는 이유가 여기에 있어요.

맨해튼 아파트에 사는 미트는 백인 부촌에 있는 할아버지의 대저택에 부모와 함께 주말이나 휴일에 놀러 가요. 아이는 넓은 정원에서 아름드리나무를 오르내리고 다람쥐를 쫓아가고 솔방울을 주워요. 아이가 마당에서 뛰어노는 모습은 헨리와 릴리아, 그리고 할아버지에게 생명의 경이 그 자체입니다.

미트의 모습에는 한국인 할아버지와 백인 릴리아의 모습이 절묘하게 섞여 있어요. 그는 할아버지와의 소통에도 문제가 없어요. 때로는 한국말로 때로는 영어로 때로는 느낌으로 서로 말하고 이해해요. 미트는 할아버지를 유난히 따르고 좋아해요. 할아버지의 넓은 등에 업히고 그의 목에 매달려요. 할아버지 두 발 위에 자기 두 발을 얹어놓고 박자를 맞춰 같이 걸어요. 과묵하고 감정을 드러내지 않는 할아버지가 미트와 함께 느꼈을 행복을 짐작할 수 있을 듯해요.

그런데 미트가 태어난 세상은 색깔에 따라, 인종에 따라 사람을 차별하는 세상입니다. 아이는 이 사실을 백인 아이들과 놀면서 조금씩 알아가기 시작해요. 아이는 무슨 뜻인지도 모르면서 아이들에게 배운 단어를 집에 와서 자랑해요. 국gook, 칭크chink, 잽jap. 백인들이 한국인과 중국인, 일본인을 비하하는 단어들인데, 아이들은 부모들에게 배운 것이지요. 뿐만 아닙니다. 동네 아이들은 미트의 엄마가 백인인 것을 안 뒤에는 그를 잡종이라고 놀려대요. 어린 미트는 이렇게 차츰 세상의 편견 속으로 들어가게 되고, 그런 단어들이 자신에게 붙어 다니는 낙인이라는 것을 알게 되겠지요. 헨리가 자라면서 경험했던 것처럼 말이지요. 할아버지가 부자이고 부모는 엘리트 교육을 받은 것으로도 지울 수 없는 완고한 차별의 증거입니다.

아이들은 할아버지의 넓은 정원에서 놀다가 미트를 쓰러뜨리고 그의 입에 진흙을 처박아요. 릴리아는 울부짖으며 아이를 씻기고 헨리와 할아버지는 백인 아이들의 집에 가서 부모를 만나요. 헨리는 자신의 어린 시절 기억을 소환해요. 어린 헨리는 아버지와 함께 자기 모자를 빼앗아간 백인 아이 집을 찾아갔어요. 아버지는 서투른 영어로 공손하게 자기 아들이 좋은 친구가 못 된다고 사과한 뒤 모자를 찾아왔어요. 지금, 두 사람은 미트를 괴롭힌 백인 아이들을 찾아가요. 무엇이 변했을까요?

문 앞에서 헨리는 침착하게 완벽한 영어로 백인 아이의 엄마에게 항의해요. 그러나 할아버지는 달라요. 그는 갑자기 폭발하더니 한국말로 고래고래 소리 질러요. 헨리는 고함치는 아버지가 민망하면서도 속이 시원해요. 쌓여 있던 앙금들이 풀어지는 듯해요.

무엇이 할아버지를 이렇게 당당하게 만들었을까요? 그는 더 이상 헨리가 어렸을 때, 백인 동네에서 숨죽이고 살던 그 아버지가 아닙니다. 열심히 일해서 재산을 모았고 아들은 명문학교를 졸업했고 며느리는 중산층 백인입니다. 이해가 되지요? 할아버지의 폭발은 그동안 억제해온, 수모와 굴욕들이 한꺼번에 터져 나온 것일 테지요. 그러나 이 일은 대가를 치릅니다. 자기 부모에게 고함을 지르며 따지는 할아버지를 옆에서 지켜보는 아이들. 그들은 절대 잊지 않는다, 라는 문장 하나가 불길한 여운을 남깁니다.

아이들은 곧 다시 친해졌어요. 여전히 할아버지의 정원에서 나무에도 올라가고 곤충들도 잡고 뛰어놀아요. 그리고 말타기 놀이를 했어요. 맨 아래에 미트가 두 팔을 벽에 대고 엎드리면 그 위로 백인 아이들이 하나씩 달려가 포개 앉았어요. 한 명, 두 명, 세 명, 몇 명씩. 미트는 아이들의 무게에 눌려 의식을 잃고 쓰러져요. 앰뷸런스가 달려와요. 아이들은 울면서 더듬거리며, 그냥 놀았다고, 미트가 의식을 잃은 줄 몰랐다고 해요.

헨리는 미트의 죽음은 사고였을 뿐이라고 말해요. 그러나 헨리도 릴리아도 사고가 아니라는 것을 알고 있어요. 너무 끔찍해서 말을 할 수 없어요. 릴리아가 울부짖어요. "미트가 완전 백인도 완전 동양인도 아니기 때문이었나. 그 생각을 하면 미칠 것 같아. 그렇지 않아? 어쩌면 세상이 그 애를 위한 준비가 되어 있지 않았던 거지. 그런데 그 애가 너무도 행복했던 거야."
불완전한 세상과 순결한 미트의 죽음. 그 의미는 스쳐가듯 소설 속에서 구유 속의 아기 예수와 연결되어 암시되는 듯해요.

그래요. 세상은 미트와 같은 아이가 행복하게 살 수 있는 곳이 못 돼요. 아직은 준비가 안 됐어요. 언제까지? 릴리아의 이 말은 앞으로 존 광이 꿈꾸는 세상으로, 그리고 그녀와 헨리가 이민 아이들에게 영어를 가르치는 장면 등으로 이어질 것입니다.

헨리는 아들의 죽음의 진실을 인정할 수 없어요. 시간이 지날수록 혼돈과 슬픔이 헨리와 릴리아의 삶 속에서 자라고 있어요. 그것은 두 사람이 마주하는 두렵고 공허한 시간들로 나타나요. 미트의 웃음소리와 발자국 소리가 그들의 휑한 아파트를 잠식해요. 혼자 여행을 떠났던 릴리아는 돌아온 뒤에도 아파트에 들어오는 대신 근처 영화감독 친구 집에 머뭅니다.

두 사람의 관계를 말해주는 장면을 보세요. 어느 날 밤 휑한 아파트에서 혼자 테이프에 녹음된 미트의 음성을 듣다가 헨리는 릴리아를 찾아가요. 이날 우리는 릴리아의 부모에 대해서도 알게 돼요. 백인 중산층 릴리아의 부모가 헨리를 대하는 태도에는 동양인 아이비리그 출신 청년에 대한 판타지도 있어요. 릴리아 어머니는 그를 이국적인 동양인으로, 아버지는 그를 야심 있고 성실한 동양 청년으로 보면서, 그의 아버지가 자수성가한 사업가인 것을 높이 평가해요. 최고경영자 출신인 그는 헨리가 산업 기밀을 빼내는 일을 하고 있다고 생각하면서 현대 사회에서 연구 개발에 투자하고 경쟁자들의 정보를 빼내는 일은 없어서는 안 될 일이라고 말해요.

그렇다면 릴리아는 헨리의 일을 어떻게 생각하나요? 보세요.

■ ■ ■ "당신이 사무실에서 무슨 일을 하던 난 더 이상 개의치 않아. 뭘 한다고 더는 꾸며내지도 않겠어. 당신은 아침에 집을 나가 종일 무엇을 하는지도 모른 채 지내다가 집에 돌아와서 잠자리에 들며 날 보니 기쁘다고 말을 하지. 글쎄, 사람들이 그렇게 살지는 않아. 난 정말 당신이 그런 사람이 아니길 바라고 있어. 그럴 수는 없는 거야. 전깃불처럼 켰다가 껐다가. 언제까지고 그럴 수는 없는 거야.

(…) 어쩌면 그게 당신의 상황인지 모르지. 하여간에 당신에게는 내가 건드릴 수 없는 부분이 있어. 어쩌면 나는 더 이상 거기 접근하기를 원하지 않는지도 몰라." (127)

그래요. 릴리아에게 헨리는 결코 알 수도 접근할 수도 없는, 전깃불처럼 켰다 껐다 하는, 실체가 확인되지 않는 인물입니다. 릴리아가 견딜 수 없는 것은 헨리의 이런 태도가 미트가 죽은 뒤에도 변하지 않는다는 것이에요.

■ ■ ■ "하여간에 그 일에 대해 생각을 해봐. 당신은 그 일이 일어난 후 애 이름을 네 번 아니 다섯 번도 말하지 않았어. 당신은 오늘밤에도 애의 이름을 말하지 않았어. (…) 우리는 그 일에 대해 함께 얘기해본 적이 없어. 우리는 서로 솔직하게 털어놓고 그 일에 대해 말하지 않았어. (…) 그 일이 어떤 것인지를 말하지 않았어."

"그게 뭔데?" 나는 그녀의 음성이 돌연 떨리는 것을 들으며 가만히 말했다.

"그건 우리에게 일어날 수 있는 최악의 사건이었어." 그녀는 한마디 할 때마다 주먹으로 침대를 쳤다. "그건 우리가 함께 저지른 최악의 짓이야. 우리 두 사람의 최악의 순간이었어. (…)

"그건 끔찍한 사고였어."

"사고라고?: 그녀는 거의 울부짖듯 외쳤다. (…)

"그게 사고였다고? 어떻게 그런 말을 할 수 있어? 우리는 그 일을 사고로 받아들이지 않았어. 단 한 순간도. 우리를 봐. 여보, 모르겠어? 당신 애가 죽으면 그건 절대 사고가 아냐. (…) 당신과 나는 그렇게 말해서는 안 돼. 나는 때로 생각해. 오랫동안 떠돌아다니던 카르마가 드디어 우리에게 닥친 것 같다고. (…) 어쩌면 미트가 완전 하얗지도 완전 노랗지도 않았기 때문일 수 있어. 그 생각만 하면 미치겠어. 당신은 안 그래? 어쩌면 이 세상은 그 애를 위해 준비가 안 되어 있었던 거야. 세상에. 그 애가 너무 행복했기 때문인 거야." (129)

릴리아의 절망적인 외침은 이 사회에서 백인과 아시아인의 결혼이, 그들의 아이들이 어떻게 받아들여지는지를 보여주고 있어요. 미트의 죽음은 사고가 아니라 은밀하고 뿌리 깊은 인종차별 사회가 가한 폭력이라고 말하고 있어요.

헨리의 태도를 보세요. 그는 대답하고 싶었지만, 아무것도 줄 것이 없다고 생각해요. 자기는 늘 동시에 누구든지 될 수 있다고 생각해왔어요. 그래서 호글랜드의 제안을 받아들이고 비로소 제자리를 찾은 듯이 느껴졌어요.

도대체 넌 누구냐. 어떤 인간이길래, 아들이 죽은 후에도 자기 감정을 드러내지 못하느냐. 릴리아의 절규가 계속되는 듯합니다. 그러나 헨리는 자기 방식으로 아들의 죽음 이후 견디기 어려운 시간을 거쳐 가요. 그는 오랫동안 미트의 주위에 아이들이 서 있던 장면과 그들의 작은 팔다리와 목소리를 마치 밤의 의식처럼, 주문처럼, 하나씩 되살려 보고서야 잠들었어요. 옆에 있는 릴리아가 잠들면 그 사건이 일어났던 곳을 헤맸어요.

그래요. 온전한 사랑의 경험을 안겨준 아들의 죽음 이후 두 사람은 상실과 충격에서 벗어나지 못하고 있어요. 각자의 불모 상태에 갇혀서 서로 고통을 나누지 못하고 있어요. 두 사람의 관계는 변화될 수 있을까요? 앞으로 헨리는 존 광을 알아가면서 아버지에 대해, 자신에 대해, 회의하는 순간들을 거쳐 가게 돼요. 그런 순간들이 두 사람의 관계에 변화를 가져올 수 있을까요?

Native
Speaker

제 4 강

헨리가 존 광을 만나게 됩니다. 존 광은 누구인가? 이는 헨리의 정체성, 더 나아가 무수한 이민자들의 정체성으로 이어지는 질문입니다. 헨리는 존에 대한 첫인상과 느낌들을 말하면서 아버지에 대한 기억을 동시에 떠올려요. 존 광에 대한 이야기는 그래서 그와 아버지의 이야기이기도 해요. 이번 강의에서는 존 광이 추구하는 '우리 집'의 의미와 그가 군중 앞에서 하는 연설에 주목합니다.

헨리가 그를 처음 만나는 장면을 보세요. 존이 사무실에 예고 없이 나타났을 때 일제히 그를 향해서 기대와 호감과 기분 좋은 긴장감이 일어나는 듯해요. 그는 에두아르도에게 장난을 걸고, 제니스에게도 친밀감을 나타내요. 그러다가 헨리를 봅니다.

헨리는 존 광에게서, 필리핀 의사가 첫날 그에게 보여준 것과 같은 표정을 알아봐요. 그것은 미국 땅에서 같은 문화와 가치를 공유하는 사람들끼리, 아시아인끼리, 교포끼리 서로 알아보는 표정일 테지요. 이런 문장을 보세요. "존은 물론 내가 누구인지 모르지만, 그는 마치 기억을 보고 있는 듯 나를 보았다." 헨리는 당혹감을 느껴요.

■ ■ ■ 그가 나를 보았다. 나는 딴 곳을 보고 싶었지만 감히 그럴 수 없었다. 그를 무서워해서도 아니었고 그가 나를 알아볼지도 몰라 겁이 났기 때문도 아니었다. 초심자는 힘들게 많은 시간을 준비했음에도 불구하고 이렇게 생각하게 된다. 그것은 피할 수 없다. 처음 한두 번 업무를 맡았을 때는 문제의 그 남자나 여자가 나의 심장 박동 하나하나를 보는 것처럼, 속이 다 드러나는 것처럼 느낀다. 그들이 나의 잘못된 동작 하나하나를 감지할 수 있을 것만 같다. 그러나 일을 계속할수록 나는 불투명해지고 진주 같은 광택이 나는 외피는 갖가지 열과 빛을 튕겨버리게 된다. (133)

어떠세요? 스파이 초심자 시절에는 정체가 드러날까 봐 조마조마하다가 경험이 늘면서 신경이 무뎌지고 멘탈이 강해지는 것을 말하는군요.

헨리가 존 광을 파악하는 눈은 예리하고 탐색적입니다. 존의 외모, 옷차림, 행동 등을 자세하게 살피고, 사람을 대할 때의 특징을 눈여겨보고, 그에게서 뿜어져 나오는 광휘와 흡인력에 주목해요. 부드럽게 빛나는 사춘기의 특정이 남아 있는 얼굴도 알아봐요.

존 광은 깔끔하게 면도를 했고 귀밑머리가 약간 희끗해요. 헨리는 머리숱이 많던 아버지가 거울 앞에서 막 생기기 시작한 흰머리에 약을 칠하던 모습을 떠올려요. 매일 아침 활기차게 가게에 나갔던 아버지가 밤늦게 기진맥진하여 썩은 채소 냄새를 풍기며 돌아와 아들의 방을 지나가던 것을 기억해요.

존은 옷차림에도 세심하게 신경을 쓰는 듯해요. 시간 날 때마다 맨해튼에 가서 셔츠와 넥타이를 직접 고르고 옥스퍼드, 윙 팁스, 로퍼스, 펌프스, 부츠 등 여러 종류의 구두도 챙겨요. 그는 보수적 스타일의 옷을 주로 입지만 국제적 성격이 강한 행사와 파티에는 실크로 만든 더블 브레스트 양복을 입어요. 진회색 재킷은 그에게 완벽하게 맞아요. 자, 이렇게 존의 옷과 구두, 취향에 대한 묘사를 읽으면서 혹시 떠오르는 사람 있나요? 그래요. 개츠비.

벼락부자 개츠비의 옷장 안에 쌓여 있던 갖가지 무늬와 색깔의 셔츠들, 런던에서 보내온다는 그 셔츠들을 개츠비는 데이지에게 보여주려고 하나씩 꺼내 던졌지요. 색색의 실크 셔츠들이 공중에서 펼쳐지면서 바닥에 떨어져 쌓이던 그 장면이 떠오르네요.

존과 개츠비, 두 사람 사이에 어떤 공통점이 있을까요? 무일푼의 개츠비, 벼락부자, 초록 불빛으로 나타나는 데이지를 향한 순결한 열망. 전쟁고아로 자수성가한 입지적 인물 존 광, 함께 잘사는 세상을 향한 그의 꿈. 무엇보다 두 사람 모두 기득권자들에 의해 좌절되는 이상주의자들 아닌가요?

헨리는 존 광에게서 새로운 유형의 한국인을 봐요. 헨리는 한국 남자들이 교민 사회를 넘어서는 일에 관심과 에너지를 쏟는 것을 본 적이 없어요. 존을 직접 알게 되기 전까지, 헨리는 소수민족 출신의, 주류 질서가 원하는 대로 움직이는 천편일률적인 정치인을 떠올렸어요.

그런데 존은 한국인들의 삶의 반경을 넘어서는, 보다 큰 세상을 향한 꿈을 꾸는 것처럼 보여요. 존 광 나이 또래에서는 보기 드물게 영어를 말하는 한국인, 당당하게 말하고 행동하는 인물, 무엇보다 그는 두려워하는 것 같지 않아요. 그의 부모는 수치심을 느끼게 하거나 함부로 대하는 사람들을 경계했어요. 이런 문장들을 보세요.

■ ■ ■ 그를 알기 전에는 그와 같은 사람을 생각조차 해본 적이 없었다. 그 나이의 한국 남자가, 이 나라 말을 사용하고, 무엇보다 단지 존경받는 채소가게나 세탁소 주인 또는 의사가 아니라 빤하게 한정된 자기

> 가족을 넘어서서 기꺼이 발언하고 행동하는 훌륭한 공적인 인물일 수 있다니. 그는 내가 알아차리지 못했던 야망을 보여주었다. 더 나아가 그의 야망은 내가 아직 상상해보지 못한 것, 한국인이 의미 있다고 생각하며 그의 에너지와 헌신을 바칠 가치가 있다고 생각할 수 없는 그 무엇이었다.
>
> (…)
>
> 호글랜드가 처음 그의 이름을 언급했을 때 나는, 다른 모든 사람들이 알고 있는 준비된 그의 이미지를 보았을 뿐이다. 언론이나 영상에 나타난 그는 나에게는 야심찬 소수민족 정치인과 그들이 늘 대변하는 것들을 떠올리게 했다. 종속된 이익 집단, 망설임 없는 의제, 시끄러운 구호, 독선, 그리고 공화국 지지자. 약자들의 대변인. 나는 그를 쉽게 파악할 수 있다고 생각했다. (139)

그러나 헨리는 존 광이 이런 도식화된 정치인이 아닌 것을 알게 됩니다. 존은 플러싱을 중심으로 다양한 이민 사회에 희망과 비전을 제시하고 있어요. 그는 존 광에게 놀라움과 경이를 느껴요.

그런데 보세요. 존 광에 대해서 여기까지 말하던 헨리는 문득 이야기를 중단해요. 그래요. 지금 우리가 읽고 있는 것은 헨리의 후일담이에요. 존의 야망이 좌절되고 그가 어디 있는지조차 모르고, 앞으로 그를 만날 일도 없어진 때, 그는 존의 이야기를 쓰고 있어요. 어떠세요? 줄거리가 한창 흥미로워지는데, 말하는 사람이 "잠깐. 이건 말이지, 사건이 다 끝난 다음에 내가 말하는 거야." 이럴 때 더 흥미 있어질까요 ? 이런 말을 하는 의도는 무엇일까요?

이어지는 헨리의 이 말을 주목하세요. 그는 자신이 마침내 존 광이 누구인지 알게 되었다고 해요. 존의 가장 내밀한 순간에 그 자신이 마주했던 모습을 알게 되었다고 해요. "난 내가 그의 정체를 파악했다고 믿었다. 사회적으로, 그의 가족에게, 그의 참모들과 나에게 수없이 보여진 모습만이 아니라 그가 자신에게는 누구였는지, 가장 깊숙한 내면의 거울 속에서 그가 마주했던 그 사람을 알았다고 믿었다". 그렇다면 지금부터 헨리가 말하는 것은 존을 알아가는 과정인 것이지요.

자, 이야기를 계속합니다. 헨리는 다시 존의 정치적 기반을 강조해요. 그의 열렬한 지지자들은 플러싱을 중심으로 크고 작은 가게를 하는 한인 교포들입니다. 또 중국인들과 새로 이민 온 동남아시아와 인도인들, 카리브해와 서인도제도에서 온 흑인들, 그리고 일부 동유럽인들입니다. 주류 백인들은 관심이 없는 듯하고, 아프리카계 흑인들은 그를 경계하는 듯해요. 존은 현재의 데 루스 흑인 시장처럼 민주당원이지만 당 기구들, 즉 노동조합원들과 상인들로 구성된 세력 있는 간부들로부터는 지지를 받지 못해요.

존 광의 지지자들이 누구인지 분명해지지요? 상당히 취약한 기반이라는 생각이 들기도 하지만 바로 그래서 다 같이 잘살고자 하는 존의 비전이 그들에게 호소력이 클 것입니다.

이런 정치 기반을 가진 존의 자원봉사자들이 아침부터 저녁까지 일하는 사무실은 메시아를 기대하는 듯한 열기로 넘칩니다. 분위기가 짐작되나요? 그들은 길에서 존 광의 사진이 박힌 유인물을 나누어주고 사무실에 오는 다양한 국적의 이민자들에게는 일일이 그들의 언어로 반겨줍니다.

지난번 선거운동 전에 존 광은 문자 그대로 수천 명의 선거인들의 등록을 받았어요. 그의 실무진들이 여전히 그 일을 하고 있고, 그래서 존은 그들에게 시간외수당과 심야 콜택시비까지 지불해요. 또 그는 매달 가장 많은 선거인을 등록시킨 사람들, 이민자들에게 귀화 등록을 시킨 이들에게 보너스를 줘요.

이런 분위기 속에서 자원봉사자들은 매일 선거구 전체로 퍼져 나갑니다. 존은 그들에게 말해요. 거리로, 가게로, 골목으로 나가 사람들을 만나라. 그들의 언어로 말하라. '존 광은 당신과 같아요. 당신은 미국인이 될 겁니다.' 그리고 1달러씩을 봉투에 넣어 그들에게 건네라. '받으세요. 우리가 당신을 도울 수 있어요.' 그러면 그들은 자기의 이름과 주소와 가족사항과 직업을 적어서 우리게 보낼 것이다….

계속하지요. 그들은 주말이면 존과 함께 한국 식당에 가서

다 같이 둘러앉아 "우리 집을 위하여,"라고 외치며 소주잔으로 건배를 합니다. 여기서 존이 의미하는 우리 집은 혈연으로 엮인 가족만을 뜻하지 않아요. 혈연을 넘어서서 같은 꿈과 희망을 나누는 커다란 공동체를 의미합니다. "우리 집을 위하여." 이는 존 광의 정치적 비전을 나타내는 핵심 단어예요. 이민의 나라 미국에서 다양한 배경을 가진 사람들이 다 함께 균등한 기회를 누리며 살아가는 공동체를 뜻해요.

■ ■ ■ 그는 가족이라는 순수한 관념도 사랑했는데, 그것은 가장 기본적인 의미에서는 분명히 혈연과는 상관없었다. 그는 우리 모두를, 그리고 그 연장선상에서 자신의 것이라 부르는 퀸즈 지역의 모든 사람들을 그의 가족으로 여겼다.

우리는 하루 종일, 밤낮으로 쉬지 않고 일했고 하루가 끝나면 그와 함께 모일 것을 알고 있었다. 우리 집, 그는 식사 직전에 테이블에 둘러앉은 우리들에게 손을 잡자고 하면서 우리 집, 이라고 한국어로 말했다. 우리들의 새로운 삶. (146)

다 같이 손잡고, 어깨동무하고 강강술래를 부르며 빙글빙글 돌던 우리 옛 풍습이 생각나지요? 그럴 때마다 헨리는 가족을 삶의 중심으로 알았던 아버지를 떠올려요.

에두아르도 페르민은 이런 모임에서 늘 존의 관심을 독차지

해요. 에두아르도는 존이 원하면 도미니카섬의 찬송가나 노래를 아름다운 목소리로 불러 분위기를 띄워요. 헨리는? 그는 자신을 드러내지 않아요. 그는 존이 갑자기 질문을 하지 않도록, 그와 눈이 마주치지 않도록, 탁자 끄트머리에 앉으려고 해요. 그러면서 그날 저녁의 전체적인 분위기를 파악하려고 해요.

존은 식사가 끝나고 나올 때, 헨리에게 사무실 일이 어떤지 등을 물어봐요. 주변 상황이 좋지 않을 때는 '한국인의 입장'에 대해서도 물어보곤 해요. 그는 헨리에게 따뜻하게 대해요. 마치 헨리에게서 그가 찾고 싶어하는 사람을 보는 듯해요. 좋은 교육을 받은, 외톨이인 듯하고 아직 직업을 갖지 않은 교포.

헨리는 물론 존 광을 결점 없는 인물로만 그리지는 않아요. 존은 복잡하게 사태가 돌아갈 때면 평정을 잃고 아내에게 차 안에서 고함을 지르기도 해요. 과음하기도 해요. 그 역시 우리 중의 한 사람인 것이지요. 그런 보통 사람이 가족을 넘어서는, 보다 큰 우리 집을 꿈꾸고 있습니다.

헨리는 존 광에 관한 모든 일들을 빼놓지 않고 기록합니다. 그러나 어느 순간부터 그는 호글랜드가 원하는 보고서를 쓰기 어려워질 거예요. 부모에 대한 자세한 기록을 남에게 보여야 할 때 어려운 것처럼 말이지요.

존 광이 지향하는 우리 집의 의미는 그가 흑인 교회 지도자들과 만난 뒤 군중 앞에서 하는 연설에 잘 나타나고 있어요. 앞에서 언급한 대로 현재 이 지역에서는 흑인들을 중심으로 한인 가게 불매운동이 퍼져가고 있어요. 흑인과 한인 상가의 불화는 그동안 한인 상가가 밀집한 대도시에서 빈번하게 일어났어요. 여러분, 1992년 LA 폭동에 대해 알고 있나요?

흑백 차별로 시작된 당시의 갈등은 흑인과 한인의 갈등으로 비화해서 당시 파손된 1만여 개의 점포 중 2,800여 개가 한인 점포였다고 하지요. 하여간에 플러싱에서 지금 일어나고 있는 두 집단의 불화는 한인과 흑인 간의 오래된 갈등을 배경으로 하고 있어요. 가령 가난한 흑인 지역에서 돈을 벌고 백인 부자 동네로 이사 가버리는 한인들에 대해 흑인들은 앙금이 있어요. 한인 교포들은 흑인을 상대로 장사를 하지만 고등교육을 받은 자신들을 그들과 다르다고 생각해요. 지금 존 광이 마주하고 있는 흑인들의 한인 상가 불매운동은 이런 복잡한 요인들을 깔고 있어요.

그래요. 존 광은 어려움에 처해 있어요. 몇 달 동안 그는 이 지역의 범죄와 폭력 때문에 중국계와 한국계 갱단 두목들과 협상 중이었는데, 문제가 생겨 한국 갱단 두목이 체포되자 존을 배신자라고 소문내고 있어요. 사태가 악화되고 존 광의 리더십이 도전받고 있어요. 이번 사태를 어떤 식으로 해결하는가에 그의 정치적 입지가 달려 있어요. 이런 상황에서 그는 흑인 교회 지도자들과 면담을 마치고 교회 앞에 모인 군중 앞에서 연설을 합니다. 미디어가 동원되고 카메라들이 맹렬하게 돌아가고 있어요.

우리가 처음 듣는, 그리고 마지막이 될 존 광의 철학과 신념이 응축된 연설입니다. 그의 연설은 정치인들의 대중 연설과는 달라요. 선동적이지도 편 가르기 식도 아니에요. 당신들과 우리는 이 사회에서 차별받는 약자들이다, 그러니 싸우는 대신 힘을 모아야 한다, 이런 내용이 아닙니다. 그는 정공법으로 나가요. 두 집단의 갈등의 원인이 어디에 있는지 역사적인 맥락에서 짚어내요. 그는 흑인들의 노예제도로 인한 질곡과 한국인들의 식민지 경험을 상기하면서 두 집단은 차이와 불화보다는 이해와 상생의 가능성을 찾자고 역설해요. 좀더 보세요.

존 광은 먼저 자기 앞에 모여든 한 사람 한 사람을 가리키며, 우리는 모두 같은 것을 원한다고 외쳐요. 존엄성, 타인에 대한 배려, 자기 소유의 가게와 집, 휴일에 놀 수 있는 깨끗한 공원들. 그래요. 우리 보통 사람들은 죽지 못해 매일을 사는 것이 아니라 쾌적하고 품위 있는 삶을 원한다고 말해요. 그러면서 우리 속에 있는 두려움과 혐오에 대해 말해요.

그는 한인 가게를 털다가 총을 맞고 죽은 두 아이의 엄마였던 흑인 여성에 대해서 말해요. 흑인들이 불 지른 한인 가게에서 물건을 꺼내다가 연기에 질식해 죽은 한국 대학생을 언급해요. 이민 온 어린 한국 여학생의 얼굴과 머리에 흑인 여학생들이 침을 뱉는 것을 말해요. 그러면서 이것을 한인 또는 흑인의 문제가 아닌, 우리 속에 쌓여 있는 증오의 문제로 보자고 말해요.

그는 군중 속의 한인들을 향해 말해요. "자랑스러운 채소가게를 소유한 여러분은 이 사실을 아셔야 합니다. 당신 가게에서 물건을 사는 흑인들, 그래서 당신 식탁에 음식이 오르게 해주고 자녀들을 대학에 보내는 데 도움을 주는 흑인들, 그들은 가게를 열 수가 없어요."

그는 흑인들을 향해 말해요. "맞습니다, 당신들이 한인 가게를 먹여 살려요. 그런데 왜 당신들은 가게를 열고 장사를 못 하나요? 게을러서가 아닙니다. 돈이 없기 때문입니다. 은행은 여러분에게 돈을 빌려주지 않아요. 담보물도 보증도 없으니까요."

존 광은 한국 사회와 흑인 사회의 차이점을 말해요. 헨리의 아버지 세대가 계를 해서 목돈을 만들 수 있었던 것은 상호신뢰, 즉 공동체 의식이 있었기 때문이에요. 그러나 흑인들의 공동체는 노예제도로 인해 파괴되었어요. 그는 그들이 당면한 문제를 흑인과 한인 간의 문제가 아니라, 퀸즈 지역과 브루클린 지역 문제가 아니라, 두 집단이 함께 감당해야 할 보다 큰 문제로 보자고 해요.

끝으로 존은 한국인들의 식민지 경험, 침략자들의 만행과 독립운동가들의 투쟁, 위안부들의 고난 등을 말해요. 그러면서 두 집단이 그 고난의 역사 속에서 공유하는 슬픔과 고통이 차이보다 더 크다는 것을 잊지 말자고 요청합니다.

■ ■ ■ "50년 전 한국인들이 자기 땅에서 일본제국의 군대에 의해 종이 되고 노예가 되었던 때를 상기해보세요. 우리들의 어머니들과 누이들이 어떻게 우리를 노예로 만든 그 군인들의 첩이 되었는지를 생각해보세요.

나는 우리 모두가 알아야만 하는 역사에 대해 말하고 있습니다. 기억하세요. 아니 알아야지요. 어떻게 한국인들이 아시아의 개로 만들어졌는지, 어째서 우리 자녀들이 학교에서 모국어를 말할 수 없게 되었는지, 왜 그들이 강제로 붙인 일본식 이름을 서로 불러야만 했는지를. 부역자를 암살한 밀정들과 애국자들이 사람들이 보는 앞에서 처형당했던 것을 기억하세요. 우리가 느낀 굴욕과 궁핍과 수치의 감정들을 기억하세요. 무엇보다 여전히 살아 있는 강력한 우리 자신의 정체성을 지닌 채 살아남기 위해 투쟁했던 것을 기억하세요.

나는 여러분에게 이 모든 것을 기억하라고, 또는 이제라도 알고 있으라고 요청합니다. 우리의 차이보다는 우리가 공유하는 슬픔과 고통과 불공평함이 더 크다는 것을 알아야 합니다. 나는 여러분을 마음 깊이 존경하고 존중합니다." (153)

이 부분을 정독하기 바랍니다. 이렇게 존 광은 한인과 흑인들의 갈등과 불화를 역사적 경험 속에서 이해하고 접근해요. 두 집단 간의 이해와 상생의 가능성을 모색하려 해요.

우리는 그의 연설 속에 배어 있는 인간과 역사에 대한 통찰 앞에서 전쟁고아, 노숙자 등, 그가 거쳐 온 시련의 시간들을 새삼 떠올리게 됩니다. 존의 연설을 들은 이후 헨리가 거쳐 가는 변화는 이런 맥락에서 이해할 수 있어요. 그는 존에게서 자신의 롤 모델을 보기도 해요. 그러면서 자신이 누구인지 묻기 시작해요.

이날 돌발적인 일이 생겨요. 존의 연설이 끝났을 때 작은 폭탄이 터지고 헨리와 참모들은 존을 보호하여 자동차에 태워요. 이는 별것 아닌 것으로 밝혀지지만 그의 정치적 앞날이 평탄하지 않을 것임을 암시해요.

Native
Speaker

제5강

헨리는 잭과 정기적으로 미팅을 해요. 공중전화에서, 회사가 맨해튼에 얻어놓은 사무실용 아파트에서 그에게 전화를 하기도 해요. 헨리는 릴리아와 냉전 중일 때면 그곳에서 밤을 지내기도 했었지요. 그녀는 헨리의 일에 대해 알지 못했고 이 아파트의 존재에 대해서도 몰랐어요. 그의 일은 그에게는 요지부동의 보호막 같았어요.

이제 본격적으로 헨리의 작업이 시작되고 또 존 광의 경력과 정치적 비전이 분명해집니다. 헨리와 그가 늦은 밤 한인식당으로 가는 도중 한인 가게 주인과 흑인 고객의 언쟁을 목격하고 존이 개입합니다.

결혼 10년 동안 헨리는 자신이 그런대로 좋은 남편이었다고 생각했어요. 물질적인 면에서뿐만 아니라 애정과 배려 면에서도 그랬어요. 헨리는 자신을 어떤 사람으로 보고 있나요? 비유하자면 그는 멋진 말을 타고 대로를 달리는 것이 아니라 깊은 밤 마차를 타고 다녀요. 학교 다닐 때도 초청받거나 환영받지 않으면 클럽에 들어가지 않았고 친구 집에서 머물지도 않았어요. 그래요. 그는 자신을 동화되어 고분고분하고 비위 잘 맞추는 모범적인 아시아인이라고 냉소합니다. 이민자로서의 트라우마가 자기비하로 나타나고 있어요.

그러니까 릴리아에 대한 그의 배려란 이런 트라우마에서 나오는 특징들, 감정 개입을 하지 않고 자신을 드러내지 않는 것이에요. 그래서 그는 스파이 일이야말로 최고의 보호막이라고까지 말하는 것이지요. 이렇게 우리는 조금씩 헨리를 알아가고 그와 릴리아의 문제도 이해하게 됩니다.

다시 맨해튼의 위장 아파트. 그들이 사무실로 사용하는 이 아파트를 주목하세요. 이곳은 에두아르도와 연결되어 다시 언급될 것입니다.

사무실에 온 잭이 헨리에게 새삼 물어요. 자네처럼 스펙 좋고 배경 좋은 사람이 어쩌다가 이런 일에 끼어들었는가? 헨리가 이 일을 하게 된 건 정말 우연인 듯해요. 졸업 후 이삼 년이 지나고 모아놓은 돈도 떨어져 갈 무렵, 그는 대학원에 갈 생각도 하고 제대로 된 직장도 찾아볼 겸, 모교에 갑니다. 경기가 좋을 때여서 게시판에는 월가의 은행들과 거대 보험사들이 인재들을 찾고 있었어요.

그때 호글랜드가 무심하게 헨리에게 접근해요. 리서치 전문 회사인데 분석가를 채용하려 한다, 월급도 좋고 혜택도 다양하다고 말해요. 관심 없던 헨리가 건성으로 대꾸하자 그게 마음에 들었나 봐요. 왕복 여비도 줄 테니, 부담 없이 다음 주에 웨스트체스터에 있는 사무실에 와서 면접을 보자고 해요. 무엇에 관한 리서치를 하느냐는 물음에 그는 대답해요. 리서치할 만한 가치가 있는 주제, 즉 사람들에 관해 조사한다고 해요. 그렇게 시작된 거군요.

이날 잭은 헨리에게 지난 30여 년 동안 자기가 해왔던 폭파, 납치, 방화, 살인 등에 대해 말해요. 얼마 전 아내가 죽은 그는 건강도 좋지 않아 곧 30년을 채우고 은퇴하면 연금을 받게 돼요. 죽은 아내와 헨리의 죽은 아들 미트를 언급하다가 그는 문득 이런 말을 해요. "살아 있는 자들은 다 흠집이 있어. 흠집 없는 사람들은 세상을 떠나. 그들은 우리의 실패를 담는 그릇이야. 우리는 그들이 이 세상에서 사는 것을 불가능하게 만들어. 그들은 더 이상 감당할 수 없게 되면 침몰하는 거야. 사라져."

지하 권력의 하수인으로 폭파와 살인을 해가며 살아온 이 남자의 삶에 대한 통찰을 보세요. 나는 그의 말을 오랫동안 생각했어요. 일찍 죽은 사람들은 산 자들이 저지른 잘못과 고통, 그

무게를 견디지 못해 침몰한다…. 살아남은 자들의 책무와 슬픔, 그가 말하는 산 자와 죽은 자의 관계입니다.

이날 잭의 용건은 따로 있어요. 그는 헨리에게 월급값을 하라고, 존 광을 후원하는 머니클럽에 대한 소문이 무성한데 알아내라고, 자원봉사자 에두아르도를 닦달하라고 해요. 그들은 에두아르도의 존재도 알고 있고, 그가 존의 후원자들의 명단과 기부 액수 등을 기록하고 관리하는 것도 알고 있어요.

보세요. 다시 돈이 언급되는군요. 헨리가 아는 한 존은 돈 문제에 관해서 깨끗했어요. 선거인 관리를 위해 아낌없이 돈을 쓰지만 특별히 과한 것은 아니고, 또 그에게 큰 후원금이 주어진다는 소문이 있지만 헨리는 알지 못해요. 하여간에 주목하세요. 맨해튼의 아파트, 존의 후원금, 이와 관련된 에두아르도의 이름. 우리는 이런 항목들이 어떻게 존 광에게 부메랑이 되어 돌아오는지 알게 될 것입니다.

천천히 흐르던 이야기의 물줄기가 본격적으로 속도를 내기 시작합니다. 헨리에게 주어진 임무는 분명해요. 그는 이력서나 공식 문서에 나와 있지 않은 존의 개인적이고 알려지지 않은 정보들, 장점과 취약점 등을 알아내서 호글랜드에게 매주 또는 매일 팩스나 이메일로 보고해야 합니다.

헨리는 존의 사무실에서 일에 몰두해요. 전화를 받고 세탁물을 찾아오고 자원봉사자들의 아이들을 어린이집에서 데려와요. 열의와 능력을 통해 꼭 필요한 사람인 것을 보여주면서도 호글랜드가 했던 말, 미국인들은 과시욕 때문에 스파이로는 적합하지 않다, 라는 말을 생각하면서 결코 지나치지 않도록 조심해요. 호글랜드는 자기가 CIA 같은 기관을 운영하게 된다면 백인들을 아시아 농장 같은 곳에서 훈련시키겠다는 말까지 했어요. 필요한 사람이 되어라, 그러나 튀지는 말아라. 이는 좋은 스파이의 조건이자 이민자들의 특징이기도 해요. 그러고 보니 호글랜드 팀의 유능한 요원 피트 아치바타도 일본계 미국인이군요. 그를 보세요.

■ ■ ■ 피트는 좋은 스파이가 되었지만 좋은 스파이에게는 형제자매들도 아버지도 어머니도 없었다. 그는 의도적으로 그 엄청난 짐 보따리, 그 거추장스러운 피와 살의 잔재물들을 잃어버렸다. 그래서 그에게는 집에 대한 기억도, 땅에 대한 기억도 없다. 그는 무에서 솟아난 것 같았다. 그는 스스로 제왕절개를 하여 혼자 태어난 것이다. (…) 그는 우리 일에 충분히 숙달되어 있었으므로 단순히 잘 듣고 주시하고 기다리지만은 않았다. 그는 자기가 겨냥하는 상대에게는 평범한 모습을 유지하면서도 찔러대고 벗겨서 상대의 비밀을 밝혀냈다. 상대는 그의 배려와 안내를 통해 자신들은 꿈에도 눈치 채지 못한 채 스스로 무장해제를 했다. (173)

어떠세요? 유능한 스파이가 되기 위해서는 집과 땅에 대한 기억도, 가족도 잊어야 해요. 섬뜩하지 않나요? 헨리는 견습 시절 그런 피트의 작업 현장을 지켜보면서 일을 배웠어요. 상대는 중국 유학생. 컬럼비아 대학원에서 전자공학 박사과정을 곧 시작할 예정이었어요.

그 유학생은 베이징에 있는 강경파에 반대하는 시위를 주도했는데, 이를 견제하기 위해 의뢰인들은 그에 관한 정보가 필요했던 것이지요. 피트는 신문기자로, 헨리는 사진기자로, 유학생의 작은 아파트에서 만나요. 이런저런 이야기, 고향 이야기, 데이트하는 이야기 등을 하면서 친밀감이 생기고, 어느 순간 유학생은 자금성의 커다란 문들처럼 열려요. 그는 유학생의 여자친구에 대해 알게 돼요. 그래요. 친구도 되고 애인도 되고 고마운 이웃도 되고. 그러다가 결정적인 정보를 빼내고. 스파이와 배신자라는 두 단어를 기억하지요?

그런데 헨리가 존 광과 가까워지는 이 시점에서 그 장면이 다시 소환되는 것은 무슨 의미인가요? 존에게서 숨겨진 정보를 얻기 위해 헨리가 어떤 태도를 취해야 하는가를 강조하는 것이지요.

계속하지요. 헨리는 존 광을 위해 방문객 한 사람 한 사람의 특징들과 그들의 생애에 관한 정보들을 기록해요. 사무실은 투표자 및 잠재적 투표자에 대한 데이터베이스를 가지고 있어요.

자녀들과 친척들의 이름과 생년월일, 종교, 정당, 직업, 성별, 인종, 주당 수입, 그들이 내는 월세, 또 그들이 받는 정부보조금 액수, 그들의 언어는 무엇이고, 어느 정도 할 수 있는지 등에 대한 정보들.

존 광은 금요일 오후면 헨리가 프린트한 유권자들에 관한 엄청난 정보를 집으로 가져가요. 전부 외우기 위해서입니다. 존은 열렬한 기억의 신봉자예요. 그가 그 모든 정보를 외우는 이유는 그 사람들을 알기 위해서도, 통계적인 지식을 위해서도 아닙니다. 그에게 기억한다는 것은 진지한 기술이나 무술, 오랜 연습과 집중을 요구하는 일종의 선택된 고통입니다. 그는 그 과정을 통해 자신을 알아가는 것이지요. 이해하기 어렵지요? 하여간에 기억에 관한 존의 이런 태도는 그가 나이 40에 법대를 나오고 변호사 시험에도 합격할 수 있었던 끈기와 집념을 말해주기도 합니다.

어느 금요일 늦은 밤. 일을 끝낸 뒤 존이 헨리를 저녁식사에 초대해요. 존은 운전을 하면서 한인 가게들이 늘어선 거리를 지나가며 여전히 진행 중인 한인 상가 불매운동에 대해 말해요. 브루클린에서 브롱크스의 흑인 동네들까지, 윌리엄스버그 구역을 거쳐 맨해튼 북부까지 확대되고 있어요. 언론 매체들은 그에게 현재의 뉴욕 시장이 사태를 대하는 방식에 대한 성명서를 내라고 촉구하고 있어요. 브라운스빌에서 흑인 군중들이 한인 가게를 약탈하고 불을 질렀을 때 몇 명 되지도 않는 경찰들은 지켜보고만 있었거든요.

우리는 앞에서 현재의 뉴욕시장 흑인 데 루스가 노련한 정치가라고 말했었지요. 그래서 흑인과 한인 간의 갈등이 고조되는 이 상황에서 다음 시장 후보로 거론되는 존의 입지는 상당히 예민해요. 존은 말합니다. "데 루스는 자기 입지를 손상하지 않으면서 능숙하게 사태를 다루고 있지. 그는 폭력을 비난하면서도 경찰부장을 내세워 처리하게 하고 그의 결단력이 통제를 벗어나면 그에게 책임을 돌리지. 그러면서도 공식적으로는 그의 전문지식과 판단을 존중한다고 하지. 그 역시 흑인이야."

경찰부장 칠링스워스는 검사 출신으로 현 시장의 임기 초에 발탁되었군요. 뉴올리언스와 플로리다주의 데이드카운티에서 근무했고요. 그는 마약상, 조직폭력배, 불법 이민자에게 엄격하다는 평을 받고 있어요. 이렇게 경찰부장의 이력이 소개되는군요. 데 루스와 존 광의 대결 구도에서, 흑인과 한인의 갈등 속에서 그가 결정적인 역할을 할 것이라는 예감을 갖게 합니다. 존의 의견을 들어보세요.

■ ■ ■ "시장 자신은 흑인의 신뢰나 표를 잃지 않았지. 더 얻었을지도 몰라. 그는 계속 자신을 자유주의적 보수의 전형으로 내세우지. 이런 입지는 처음에는 매혹과 경멸을 주었지만 이내 안도감으로 바뀌었지. 사

람들은 인종 전쟁도 살면서 감당할 수 있는 거라고 생각하게 되는 거지. 어차피 흑인들과 한인들은 미국에서 분쟁을 일으키도록 되어 있는 것 같고. 오래된 생각들이야. 어느 면에서는 우리에겐 기회가 한 번도 없었어. 헨리, 자네는 이런 어려움들을 직접 겪어봤잖나." (181)

무슨 생각이 드세요? 결국 흑인 시장과 한인 시의원 간의 갈등은 미국 내의 소수자들끼리의 싸움이고, 승자는 지배 세력이 누구의 편을 들어주는가에 달려 있어요. 주류 세력은 기존 질서에 순응하는 자를 옹호하고 도전은 용납하지 않아요. 지금부터 그 정교한 과정을 따라갈 것입니다.

존의 자동차가 한인 가게들을 지나갈 때 그는 과거와 현재의 그 가게 주인들의 이름을 기억해요. 존 자신도 이곳에서 도매상을 했어요. 1980년대 한인들의 가게가 전부 들어서기 이전이었지요. 이 부분에서 우리는 백만장자 존의 성공 스토리, 그 내용을 자세하게 알게 됩니다. 전형적인 아메리칸 드림을 보고 있는 것이지요.

그는 드라이클리닝 기계들과 업소용 세척기와 건조기를 판매 또는 임대하기도 했어요. 고가품들만 취급했어요. 영어가 능숙한 덕분에 유럽과 다른 도시의 비한인 공급자들, 배급자들과 거래할 수 있었어요. 순식간에 그는 가족과 교회, 그가 장사를 시작한 친숙한 공동체 바깥에 존재했어요.

여기서 존 광과 헨리 아버지의 차이가 생겨요. 아버지는 게토 지역에 있는 20여 평의 소매가게에 집중했고 도시의 여러 곳에 같은 면적의 가게를 늘렸어요. 가게 다섯 개가 아버지가 생각해낼 수 있는 야망의 한계였어요. 존은 계속 사업을 확장하여 노스캐롤라이나에 공장을 임대했고 이탈리아나 독일 제조사들에게 파는 기계 부속품들을 조립 생산하게 되었어요. 자동차와 전자제품 판매점도 사들였어요.

그의 야망은 계속돼요. 나이 40에 법학 학위와 MBA 학위를 획득했고 변호사 시험에 합격했지만 개업할 생각은 없었어요. 공적 활동을 하기 위해 그 정도의 전문지식은 필요하다고 생각했어요. 그는 자신의 정치적인 비전을 위해 이렇게 치밀하게 준비했어요. 소문에 의하면 그는 시의원에 당선된 뒤 상당한 손해를 봤지만 여전히 자산가로 알려져 있어요. 계속하지요.

금요일 늦은 밤 싸구려 시계와 액세서리를 파는 한인 가게 앞에서 주인과 흑인이 언성을 높이고 있어요. 존이 차에서 내려요. 흑인은 며칠 전에 13.99달러짜리 시계를 사갔는데, 고장이 나서 환불을 요구해요. 주인은 '교환 가능, 환불 불가' 표시를 가리키며 거부해요. 두 사람의 격앙된 모습이 눈에 선하지요? 존은 두 사람과 악수한 뒤 주인과 가게 안으로 들어갑니다.

헨리는 밖에서 기다리며 아버지가 채소가게를 하면서 흑인들과 겪었던 일들을 떠올려요. 짧은 다큐처럼 헨리의 기억에서 소환된 장면들이 이어지고 우리는 다시 한인들의 이민 생활, 그 성공 이면에 쌓인 고난의 시간들과 만나요. 아버지는 맨해튼 부자들이 과일값을 깎는 것을 경멸했어요. "그 부자들이 골치야. 다른 사람들이 돈 버는 것을 싫어하지." 아버지는 그들에게 우리 과일이 최고다, 제일 신선하다, 라고만 했어요. 왜 비싼지 설명하지 않았어요. 아버지는 젊은 흑인 남녀가 들어오면 허튼 짓거리를 용서하지 않겠다는 단호한 태도로 가게 입구를 빗자루로 쓸어대기 시작했어요. 다른 가게에서는 늘 절도와 불평불만과 싸움이 있었어요.

헨리의 눈에 이런 장면이 떠올라요. 오렌지가 쌓여 있는 가게, 흰 앞치마를 두른 아버지와 더러운 코트를 입은 흑인 여자, 오가는 두 사람의 고함, 아버지의 거친 영어, 이를 조롱하는 흑인 여자의 영어. 두 사람은 애들처럼 싸우며 서로 상처를 내요. 여자는 늘 다음날 다시 와요.

헨리에게 흑인의 얼굴은 사고, 불안 또는 죽음의 위협을 뜻해요. 그는 가게에서 죽임을 당한 상인들을 알아요. 또 가게 돈을 훔치려는 흑인들을 죽이거나 총을 쏜 사람들도 알고 있어요. 아버지가 채소가게에 흑인들을 고용하기도 했지만 그들은 지각이나 결석하기 일쑤였고 캔맥주를 친구들에게 빼돌려요.

아버지는 그들에게 절대로 계산대를 맡기지 않았어요. 영어 못 하는 아이티나 에티오피아 출신 흑인들을 고용했어요. 그들이 제일 열심히 일했어요. 그래요. 한인들과 흑인들의 불화는 뿌리 깊어요. 아버지가 미국 땅에서 자리 잡기까지의 험난한 시간들. 그 시간은 현재도 눈앞에서 진행 중입니다.

정치인 존 광의 입지는 바로 이런 이민 사회의 희망에 기대고 있어요. 존의 성취는 한인과 다양한 이민들의 숙원과 연결되어 있고, 푼돈과 동전을 봉투에 넣어 그에게 기부금으로 보내는, 새벽부터 밤늦게까지 일하는 무수한 소상인들의 바람과 이어져 있어요.

가게 주인과 존이 밖으로 나와요. 주인은 흑인에게 더 좋은 시계로 교환해주고 5불짜리 귀걸이도 선물해요. 존의 설득으로 주인이 거쳐 갔을 억제된 감정들에 대한 언급은 없어요. 그러나 이날 밤 가게 주인은 손해를 메꾸기 위해 더 늦게까지 오지 않는 고객을 막연히 기다릴 것입니다. 헨리는 알아요. 이런 고난들이 이민자들이 성공을 위해 치르는 대가라는 것을. 가장 값싼 자기의 노동력이 가져올 한 푼 두 푼의 기적, 이민 성공 스토리의 현실입니다.

Native Speaker

제6강

헨리는 존 광의 미국 사회에 대한 진단을 들어요. 그럴수록 그에 대한 객관적 입장이 흔들리고 이를 호글랜드가 눈치채요. 그리고 헨리는 릴리아에게 아버지의 옛집에서 처음으로 이번 일에 대한 두려움을 말해요.

자, 뉴욕의 한인 식당입니다. 이곳에서 헨리와 존은 공적 관계를 유지하면서도 술을 매개로 그 경계가 흔들리기도 하는, 그런 상태에 있게 돼요. 헨리는 존의 정치적 견해, 보수화되어 가는 미국 사회에 대한 진단과 우려, 소수민족 정치인으로서 한계와 고민 등에 대해 알게 돼요. 술이 존의 아킬레스건이라는 느낌도 받아요.

늦은 밤 두 사람을 조용한 그들만의 방으로 안내하며 "귀하

께서 오신 것은 우리 집의 축복입니다. 뉴욕 동포들에게 축복인 것처럼."이라고 지배인은 정중하게 허리 굽혀 절하며 몇 번이고 말해요. 존은 이런 인사를 하루에 수없이 받는다고 해요.

이날 밤 두 사람은 스무 개도 넘는 반찬들이 차려진 상을 가운데 두고 바닥에 한국식으로 앉아서 소주잔을 나눕니다. 한잔 권하고 한잔 받고, 이렇게 말이지요. 상 위의 음식들을 보세요.

■ ■ ■ 큼지막한 탁자의 한가운데 작은 금속 구멍이 뚫려 있다. 갈비나 불고기를 주문하면 빨갛게 달구어진 숯불이 든 통을 가져와 구멍에 넣는다. 그 위에 주철 불판을 얹는다. 여종업원은 양념에 절인 고기를 한 접시 가져와 굽기 시작한다. (…) 큰 쟁반에 미리 썰어놓은 채소와 조개와 해초와 김치 서너 가지를 담아 온다. (…) 신선한 상추가 든 바구니와 쌈장, 뚜껑 덮인 스테인리스스틸 그릇에 가득 담긴 밥. 여종업원은 한국 맥주를 내온다. 생선찌개가 담긴 뚝배기도. (…) 식탁은 곧 가득 찬다. 스무 개는 될 듯한 반찬 접시들. 한국식 식탁에서 우리는 접시에 담긴 반찬들을 배우게 된다. 고기를 얼마나 구울지는 각자 알아서 한다. 그리고는 양념을 한 고기와 밥과 쌈장을 상추에 싸서 재빨리 입에 넣는다. (189)

어떠세요? 한국 음식을 알리는 데 손색이 없지요? 낯선 이들도 침이 넘어가고 호기심이 발동하고, 이곳에 한번 오고 싶겠지요? 이 소설이 출판된 것은 1995년. 지금처럼 한류 붐을 타고 전 세계에서 한국 음식과 노래와 문화가 관심을 받기 이전이지요. 그래요. 헨리와 존이 보여주는 한국어와 예절, 한국인의 가치와 규범이 이민 생활의 어려움 속에서도 뿌리의식을 상기시키는 역할을 해요. 한국을 자의 반 타의 반 떠난 사람들도 기쁜 일, 궂은일이 생길 때면 김치 담그고 잡채 만들고 된장찌개와 불고기를 먹지 않나요? 내가 먹는 것이 곧 나다, 그런 것 같아요.

계속하지요. 차기 시장 선거에 나갈 거냐는 헨리의 질문에 존은 대답해요. 그의 말을 통해 당시 지역의 정치 풍토를 짐작할 수 있어요. 가령 신문 사설들은 지적해요. 현재 시장 데 루스는 열정과 능력을 상실한 게 아닌가. 뉴욕의 비싼 세금과 범죄 때문에 비즈니스는 뉴저지로 옮겨가고, 지하철 사고도 자주 일어난다고 비판해요. 그러면서 도시 문제들을 정면 대응할 수 있는 새로운 리더로서 존 광을 거론해요. 그가 급변하는 시민들의 요구를 더 잘 이해한다는 것이지요.

그러나 존은 사태가 단순하지 않다는 것을 알고 있어요. 흑인들과 한인 상인들의 불화가 계속 보도되고 있고, 무엇보다 매스컴은 한인 상인들에게 적대적이에요. 가령 그들이 클로즈업시키는, 서투른 영어로 사태를 설명하는 한인들은 고집 세고

잔인해 보여요. 그런 상황에서 존 광이 무슨 말을 하더라도 그들은 그가 한쪽 편, 한인 아니면 흑인 편을 든다고 할 겁니다. 그는 거리에서 벌어지는 폭력과 약탈에 반대한다는 의견조차 낼 수 없어요.

그는 흑인 단체들이 자기에 대해 미심쩍어 한다고 말해요. 자신이 사회 프로그램, 학교 급식, 노숙자 거처, 무료 의료 서비스 등을 지지할 수 있지만, 이보다 더 열린 이민 정책에 대해 말하는 순간, 그가 백인 가치를 지향한다고 의심하며 위험하게 본다는 것이지요.

이래서 정책이 아무리 정당하고 필요한 것이라 해도, 소수민족 출신 정치가는 주어진 틀에서 벗어나기 어려워요. 그러나 존은 그 속에 한정되기를 거부해요. 그 안에서는 혈연과 인종을 초월하는 공동체, '우리 집'의 비전을 실현할 수 없다는 것을 알기 때문이지요. 존이 말하는 미국 사회에 대한 진단을 보세요.

■ ■ ■ "상황이 바뀌고 있다는 것을 모두들 알고 있지. 머지않아 백인과 흑인보다 갈색과 노란색 피부를 가진 사람들이 더 많아질 거야. 그럼에도 불구하고 정치는, 특히 소수민족 정치는 여전히 우리를 거의 인정하지 않는 상태에 고착되어 있어. 그건 낡은 문법이지. 사람들은 아직도 자신들이 원한다고 생각하는 것에 투표를 해. 그들은 지나간 시절의 빛나는 기억을 소환해. 그들의 자녀들을 위해 필요한

것을 요구하며 투표를 하는 게 아니야. 그들은 여전히 민권운동 시절의 광휘 속에서 살고 있어." (196)

분명해지는군요. 미국 사회는 급변하는 현실에도 불구하고 여전히 기존의 흑백 구도에 고착되어 있어요. 생각나요. 언젠가 텔레비전에서 미국 소도시 시장 출신이 대통령 후보 선언을 하면서 주장했어요. "과거의 영광을 재현하자는 정치, 그러니까 과거의 정치는 안 됩니다."

존 광이 말해요. 어느 당에서 누가 시장이 되건, 중요한 것은 일자리와 안전한 거리와 교육 문제다, 이런 상황에서 정치가에게 핵심적인 것은 사람들에게 상상력과 희망을 불러일으키는 능력이다, 그것 외에는 없다, 라고 해요.

이렇게 그는 헨리에게 자신의 정치적 비전을 말해요. 동포라는 동질감과 그동안 쌓인 신뢰, 무엇보다 상대의 말을 경청하는 헨리의 태도 때문이었을 수도 있어요. 그리고 우리는 알고 있어요. 이는 스파이가 갖추어야 하는 요소이기도 해요. 상대에게 공감하면서 방어막을 내리게 하여 그의 가장 취약해진 부분을 공략하는 것,

그러나 이날 밤 헨리는 임무를 수행하지 못해요. 그는 존 광이 무방비 상태에 들어가는 것을 감지하면서도 그를 공략하지 못하는 자신을 봅니다. 헨리는 말합니다. "유능한 스파이는 긴

박한 모든 순간들을 기록하는 비밀스러운 작가다." 지금까지 그는 존에 대한 보고서를 시간 단위로 써서 호글랜드에게 보냈어요. 보고서는 문제의 인물에 대해 깔끔하게 복사기처럼 그려내야 합니다. 인물에 관한 논평이나 도덕적인 언급은 하지 않고 해석은 다른 전문가의 몫으로 남깁니다.

■ ■ ■ 난 단지 그 인물을 알면 된다. 그의 정체. 그게 전부다. 나는 굶주린 개처럼 개인적인 정서의 내장이라도 따라가야 한다. 그의 경향들, 혐오들을 파헤치고 소환해야 한다. 마음의 매너리즘도, 안면 경련 같은 습관도. 그의 의견들, 편견들, 불안감들, 허영들. 단서가 된다면, 그의 자극적인 입맛까지도. 나의 탐구 대상이자 역동적으로 존재하는 그를 현재의 눈으로 관찰하는 것, 그들이 나에게 돈을 지불하는 이유이다. (203-204)

그런데 지금 헨리는 관찰자로서의 위치를 벗어나고 있어요. 그는 존을 통해 가족과 가게, 한인 교회를 넘어서는 큰 공동체를 꿈 꾸는 사람을 처음 만나고 있어요.

취한 두 사람의 자리에 셰리가 등장하고 헨리는 이날 두 사람의 개인적인 관계를 확인해요. 셰리는 존과 밀착된 에두아르도를 경계하고 헨리에 대해서도 의구심을 풀지 않아요. 셰리의 직감은 옳지 않나요? 에두아르도와 헨리, 존이 알 리 없는 두 사람의 정체를 우리는 알고 있으니까요.

존 광에 대한 헨리의 입장이 흔들리는 것을 호글랜드가 알아차려요. 헨리가 기금 모금 행사에 다녀온 뒤 보고서를 써서 보내면 즉각 회신이 와요. "냉정한 눈이 돼. 방아쇠를 찾아내서 당겨. 뭔가를 맞출 거야."

필리핀 의사 닥터 루잔과의 경우가 이 시점에서 다시 자세하게 묘사되는 것에 주목하세요. 앞에서 언급했듯이 헨리는 그에게 감정 개입을 하게 되면서 일을 망쳤어요. 그러니까 존을 향한 헨리의 이 변화가 가져올 위험이 이런 식으로 암시되는 것이지요.

그때 닥터 루잔에 관한 정보를 알아내기 위해 헨리는 환자로 위장하여 상담을 받았어요. 헨리의 정체를 알 리 없는 의사는 그가 꾸며내는 증상들에 진지하게 공감하며 물었어요. 지금까지 당신은 누구였소?

이 질문은 헨리의 존재를 꿰뚫는 무서운 질문이었어요. 이민자의 아들, 스파이, 릴리아의 남편, 미트의 아버지, 헨리는 지금까지 이런 질문을 누구에게서도, 자신에게서도 받아본 적이 없어요. 지금까지 누구에게도 자신의 이야기를, 생각을 드러내지 않고, 드러내지 못하고 살아왔어요. 늘 자기를 피하며 살아왔어요. 하여간에 헨리는 의사에게 처음에는 꾸며서 하다가, 차츰 진짜 이야기를 섞어서 털어놓기도 해요.

시간이 지날수록 자기를 진심으로 대해주는 의사를 좋아하게 되자 호글랜드는 눈치를 챘고 상담은 중단돼요. 마지막 상담을 받으며 헨리는 의사에게 다른 곳으로 발령이 나서 더 이상 못 온다고 해요. 정해진 50분을 지나 세 시간 넘게 자기 이야기를 하고 죽은 남동생 이야기를 꾸며서 해요. 의사는 그를 위해 오후 스케줄을 취소해요.

헨리는 자신의 거짓을 보상하고 싶었고 의사의 안전이 걱정되었어요. 낯선 사람을 조심하라고 경고하고 싶었지만, 그가 잠시 물 먹으러 나왔을 때 호글랜드가 보낸 사람들이 에테르 적신 수건으로 그의 입을 막고 밖으로 끌고 나갔어요. 그 이후 헨리는 의사가 출장 간 휴양지에서 보트가 전복되어 익사했다는 것을 알게 됩니다.

반복하지요. 헨리가 필리핀 의사를 계속 떠올리는 이유는 무엇인가요? 그가 임무를 망각하게 되면, 헨리는 물론이고 존에게 닥쳐올 위험을 경고하는 것이지요.

헨리는 존 광의 생애에 대해 자세하게 말하면서 호글랜드에게도 이를 알려주고 싶어져요. 존에 대한 그의 감정이 깊어지고 있다는 소리입니다. "그들이 알고 싶어하는 자, 그의 이름은 존 광이다. 2차 대전 전에 서울에서 태어났고, 한국전쟁 고아가 되었고, 별 두 개 미군 장성의 하우스보이로 미국 오하이오에 왔다. 돈을 저축하여 뉴욕에 왔지만 강도에게 죽도록 얻어맞고 돈을 뺏겼다. 굶주림에 도둑질을 하다가 신부가 그를 가톨릭 고아원에 보냈다. 영어를 배우고 미국인이라는 정체성이 생기면서 그의 삶은 결정적인 도약을 한다. 그리고 이후 백만장자, 변호사, 시의원…" 이렇게 존에 대해 알게 될수록 헨리는 그에 관한 보고서를 쓰는 것이 어려워집니다. 그가 우려하듯이 자기 부모에 대해 객관적으로 말할 수 있을까요?

헨리가 처음으로 릴리에게 자기의 일에 대해 말하는 것은 이 시점입니다. 우리는 알고 있어요. 이제껏 그는 일에 대해서만이 아니라 자기의 감정과 느낌과 생각에 대해서, 미트의 죽음에 대해서도 릴리아에게 털어놓고 말한 적이 없어요. 그런 그가 존에 대한 자신의 감정과 두려움에 대해 말합니다. 이렇게 우리의 이야기에 결정적인 변곡점이 옵니다.

여전히 별거 중인 두 사람은 어느 주말 비어 있는 아버지의 옛 집에서 만나요. 여기서 잠깐, 소설 속에 등장하는 오래된 저택을 살펴볼까요? 오래된 저택이 한 집안의 흥망성쇠의 상징물로 그려지는 것은 구대륙에 비해 역사가 일천한 미국 소설에서도 자주 나타나는 장치이지요. 가령 호손의 『일곱 박공의 집The House of the Seven Gables』이나 포크너의 『소음과 분노The Sound and the Fury』에서 오래된 저택은 공동체가 있었던 뉴잉글랜드나 남부를 배경으로 등장하지요.

20세기 뉴욕을 배경으로 하고 있는 이 소설에는 동부의 백인

상류층 거주 지역에 위치한 집이 두 번 등장해요. 헨리가 열 살 때까지 부모님과 살았던 집과, 어머니 돌아가신 뒤 이사 와서 20년 가까이 살아온 아버지의 집이에요.

헨리와 부모님이 살았던 집은 고국에서 온 친구들과 회포를 풀기도 하면서 아버지와 고향을 연결해주는 장소이기도 했어요. 고향 친구들이 미국에서 팔 물건 샘플들을 트렁크에 잔뜩 싣고 아버지 집에 모이던 장면들은 당시 해외 시장을 막 개척하기 시작하던 한국인들의 모습을 보여줍니다.

보세요. 친구들이 열몇 시간의 긴 비행 끝에 미국에 도착하면 거실에 놓인 커다란 앉은뱅이 교자상 위에는 어머니가 정성껏 준비한 나물과 고기전과 생선들과 술이 차려져요. 손님들은 상 주위에 둘러앉아 술을 나누고 고국 소식을 쏟아내요. 어머니는 그들과 떨어진 의자에 앉아 이야기를 들어요. 손님들이 어머니에게 여전히 곱고 젊으시다고 예의를 표하면 어머니는 손으로 입을 가리고 수줍게 웃어요.

이렇게 이 집에서 아버지와 어머니는 이민 생활의 외로움과 고생 속에서도 고향 친구들과 회포를 푸는 푸근하고 편안한 순간들을 가졌어요. 부모님과 고국의 연결은 가족과 친척들의 사진들로도 이뤄져요. 집안 어른들의 모습, 어머니의 처녀 시절 모습, 아버지의 젊은 시절 모습. 이런 사진들은 그들이 떠돌이가 아니라 조상들과 연결되어 있다는 것을 확인시켜주었어요.

어머니가 돌아가신 뒤 이사 온 저택에서는 아버지와 헨리와 아줌마가 20여 년을 살았어요. 그동안 헨리는 사춘기를 지나 대학을 졸업하고 결혼을 하고 아들을 낳았고 그 아들을 잃었어요. 아줌마가 죽고 두 번의 뇌졸중을 겪은 아버지가 돌아가셨어요. 이렇게 이 집에서 생과 사의 순환이 계속되었어요.

무엇보다 이 집에는 어린 미트의 기억들이 배어 있어요. 정원의 아름드리나무들과 지붕 아래 큰 다락방에는 동네 아이들과 들락거리며 놀던 미트의 웃음소리 발자국 소리들이 배어 있어요. 아버지의 성공을 말해주는 아름드리나무들이 서 있는 집, 그러나 우리는 그 성공의 대가가 순결한 어린 미트에게 닥친 것을 보았어요.

자, 이 집에서 어느 주말 릴리아와 헨리에게 어떤 일이 생기는지 보세요. 와인을 마시며 저녁을 먹은 두 사람은 가족의 옛날 사진들을 들여다보기도 하고 릴리아 부모의 안부를 묻기도 해요. 그러다가 헨리는 처음으로 릴리아에게 자기의 일에 대해 말하게 돼요. 이 부분이 중요해요. 그날 그는 자기의 보호막에서 처음으로 나온 듯해요. 보세요.

먼저 릴리아가 헨리에게 물어요. 일은 잘돼가? 헨리는 속으로 놀랍니다. 자기 일에 관해 릴리아는 이런 질문을 한 적이 없거든요. 별일 없다는, 의례적인 대답을 하자 그래도 릴리아는 계속 물어요. 헨리의 직속상관 잭이 릴리아에게 헨리에 대한 걱정을 했고, 릴리아는 일이 심상치 않다는 것을 느낀 것이지요. 그러자 헨리가 어렵게 대답해요.

두 사람 사이에 오가는 긴장된 대화를 보세요. 이때의 상황, 헨리가 당면하고 있는 불안을 릴리아가 알게 되고, 이를 이해하고 받아들이는 과정을 전달하기 위해 길지만 인용합니다. 찬찬히 읽어보지요.

■ ■ ■ 나는 나지막히 말했다. "나 좀 힘들어."

"헨리," 그녀는 나를 꽉 안고 말했다. 그녀의 두 팔은 떨리고 있었다. "지금 당장 무슨 일인지 말해줘. 당장. 내 속에서 출혈이 시작될 것 같아."

(…) "그들이 당신한테 원하는 게 뭐야?" 그녀가 물었다.

"위험한 거."

"당신, 뭔가 있어?"

"아니."

(…) "그럼 회사, 그만둬." 릴리아가 애원했다. (…)

나는 그만둘 수 없는 이유를 그녀에게 설명했다. 적어도 현재의 임무가 끝날 때까지는. (…) 데니스 호글랜드에게 그런 짓을 한 사람은 절대 없었다고 잭이 나한테 말한 적이 있었다. 그가 무슨 짓을 할는지 아무도 몰랐다.

그녀가 동작을 멈추고 말했다. "그럼 그가 원하는 걸 줘."

> "다른 사람이 피해를 볼 수도 있어." 내가 말했다.
>
> "왜 갑자기 상관하는 거야? 우리 관계를 제대로 풀기 시작하려는 지금." 그녀는 두 팔을 뒤로 젖히다가 그녀의 커피 잔을 쳐서 흰 양탄자 위에 커피를 쏟았다.
>
> (…)
>
> 돌연 그녀는 기진맥진해 보였다. 얼굴은 땀범벅이었다. "당신이 피해를 입지만 않는다면, 난 상관 안 할 거야. 약속할게. 헨리, 약속할게. 당신한테 한 마디도 안 할게. 그 일을 생각조차 안 할게."
>
> (…) 나는 참으려고 했지만 나도 모르게 릴리아에게 그의 이름을 말해버렸다. 존 광. 나는 그녀가 그 단어들을 머릿속에서 굴리는 것이 보이는 듯했다. 물론 그녀는 그가 누구인지, 또 그가 한국인인 것도 안다. 그는 한인 상가 불매운동 때문에 거의 매일 밤 뉴스에 나오고 있었다. 그러나 그녀는 온 힘을 다해 침묵하면서 아무 말도 하지 않았다. (225–227)

이렇게 헨리는 릴리아에게 힘겹게 말했어요. 존 광에 대한 정보를 그들에게 주어야 하고 그렇지 않을 경우 누군가 위험에 처할 수 있다고. 그래요. 이날 밤의 두 사람의 긴장된 대화를 통해 우리는 알게 돼요. 헨리는 자신의 불안과 위험을 릴리아와 공유하게 됩니다. 두 사람은 더 이상 겉돌지 않아요. 그들은 존에 대한 임무가 끝나면 헨리가 조직을 떠나기로 합의해요.

그리고 릴리아는 아파트로 돌아오고 그동안 손 놓고 있던 이민 어린이들에게 영어 가르치는 일을 다시 시작합니다. 어린 미트의 죽음이 일어난 집에서 헨리와 릴리아가 서로를 다시 받아들이는 과정은 이렇게 간결하게 묘사돼요.

릴리아를 보세요. 그녀가 용기 있고 자신의 삶에 대해 정직하다는 생각이 들어요. 그는 헨리가 처한 위태로운 상태를 알게 되자 그의 불안과 짐을 함께 나누기로 해요. 그에 대한 사랑이 이렇게 표현되는 것이지요. 그래요. 릴리아는 영어 가르치는 자신의 일을 자원봉사라고 말하지 않아요. 그에게 그것은 아이들이 살아갈 미국을 더 좋은 세상으로 만들기 위해 꼭 필요한 일이에요. 이혼한 알코올중독 아버지와 신경쇠약 어머니, 맨해튼의 큰 아파트를 남겨주고 에이즈로 죽은 삼촌 등, 흔들리는 백인 중산층 출신의 그가 이렇게 헨리를 강박적인 이민자 트라우마에서 벗어나게 도와요. 그리고 두 사람이 이민자들의 언어 수업을 다시 시작하는 것은 앞으로 존 광의 비전과 연결될 것입니다. 계속하지요.

헨리는 여전히 존 광의 옆에서 그를 관찰하고 그의 인터뷰, 미팅, 행사에 동행해요. 존이 그를 원해요. 헨리는 묻는군요. 이렇게 가까이 있는 사람을 어떻게 추적하는가. 나에게 필요 이상으로 자기 이야기를 많이 해주는 사람에 대해 어떻게 보고서를 쓸 수 있는가.

Native
Speaker

제7강

다시 확인할까요? 우리의 스토리가 진행되는 배경을 보세요. 플러싱을 중심으로 한인 상가 불매운동이 번져나가고 존 광과 흑인 교회 지도자의 협상, 그리고 흑인 노조와 한인 폭력 조직도 언급돼요. 세계에서 모여든 가난한 이민들은 그들의 꿈을 실현하기 위해 존을 지지하고 열광해요. 그들의 고달프고 험난한 매일의 생존 투쟁. 그래요, 존 광의 존재는 거친 풍랑 속을 뚫고 가는 작은 배처럼 보여요. 우리 집이라고 부르는 등대를 향해 가는 담대한 도전을 생각하게 해요.

오늘 강의는 두 부분으로 나뉩니다. 헨리와 릴리아가 아파트에서 이민 자녀들에게 언어 수업을 하는 장면이 자세하게 묘사돼요. 이는 소설의 끝에 두 사람이 어린이들에게 영어 수업 하는 장면과 연결되면서 '네이티브 스피커'라는 제목이 갖는 상징적인 의미를 강조하게 돼요. 그다음, 수업을 끝낸 두 사람은 스태튼아일랜드로 바람을 쐬러 가고 이날 밤 뉴스를 통해 존 광의 사무실에 폭탄이 터져 화염에 싸인 것을 알게 돼요. 스토리는 이렇게 급물살을 탑니다. 존에게 무슨 일이 일어나고 있는가요?

언어 수업을 보세요. 릴리아와 헨리는 그들의 넓은 아파트에 유리 칸막이를 하고 작업실을 만들어요. 릴리아가 아이들의 발음 교정을 하는 동안 헨리는 옆에서 거들기도 해요. 이 부분 중요합니다. 가난한 이민자 어린이들에게 영어를 가르치는 일은 미래의 희망적인 공동체를 만드는 일과 직결돼요. 혐오와 차별을 넘어 함께 살기 좋은 세상을 만드는 것이 가능하다는 것을 보여주는 것입니다.

릴리아에게 오는 아이들은 최근에 제3세계에서 온 가난한 아이들입니다. 그들의 부모들은 낡은 트럭에 싸구려 물건들을 싣고 경찰 단속을 피해 다니며 장사를 해요. 틈을 내서 오후에 한두 시간씩 아이들을 데리고 와요.

F, V, P. 우리도 이 발음이 어렵지요? 릴리아는 발음을 정확하게 하기 위해 입술과 혀를 어떻게 움직여야 하는지 한 사람씩 지도해요. 아이들은 깔깔거리면서 따라 해요. 테이프를 반복해서 들어요. 그런 뒤 아이들에게 자기가 만든 샌드위치를

먹여요. 아이들은 장난치며 놀아요.

릴리아가 놀이하듯 아이들에게 발음을 가르치는 것을 보면서 헨리는 어렸을 때 영어를 배우며 겪었던 어려움을 상기해요. 늙은 백인 여자는 손에서 기저귀 냄새가 났는데 발음이 틀릴 때마다 손바닥과 종아리를 때렸어요. 유치원에서 아이들은 혀가 꼬이면서 이상한 소리를 내는 그를 놀렸어요. L과 R, 그리고 P와 F의 발음 교정을 받으러 따로 나갈 때 그들의 눈에 그는 문제아나 낙오자로 보였어요. 젊은 백인 여자 선생님은 손거울을 주면서 연습할 때 입을 보라고 했어요. 그래서 언어로 인한 자의식은 그의 사고와 감정과 행동 전체를 지배하게 돼요. 어른이 되어서도 남아 있어요. 헨리는 어린 미트가 잠들기 전에 책을 소리 내어 읽어주지 못하고 릴리아에게 맡겼어요. 잘못된 자기 발음이 아들에게 입력될 것이 두려웠어요. 그의 소심하고 위축된 태도는 이렇게 이민자의 영어 배우기라는 복잡한 문화·사회적 요인과 연결되어 있습니다.

언어 수업이 끝나면 아이들의 부모들은 헨리와 릴리아에게 1달러짜리 스카프나 귀걸이 같은 작은 것이라도 선물로 주고 싶어해요. 헨리가 한국인인 것을 알게 되면 존을 아느냐고, 그는 좋은 사람이라고 반가워해요. 이런 방식으로 존과 가난한 이민자들이 계속 연결돼요.

그런데 존의 정치적 기반이 한순간에 무너지는 사건이 터집니다. 영어 수업이 끝나고 헨리와 릴리아는 페리를 타고 스태튼아일랜드로 주말 외출을 해요. 배 위에서는 하루의 노동을 끝낸 젊은이들이 거대 도시의 해질녘 풍경을 즐겨요. 음악소리가 들리고 한껏 멋을 낸 이탈리아, 아일랜드, 스페인에서 온 청춘들이 춤을 추고 술을 마시고 사랑도 해요. 미국이 이민자들의 나라인 것이 실감이 나요. 그래서 이들을 멸시하는 단어들도 많아요. 중국인들을 '칭크', 일본인들을 '젭', 그리고 한국인들을 '국'이라고 불러요.

국이라니? 이 단어의 유래를 보세요. 6·25전쟁의 폐허 속에서 배고픈 아이들은 미군들을 따라다니며 외쳤어요. "미국, 미국, 헬로, 기브 미 검, 초콜릿…" 아이들이 미국, 미국, 외칠 때 미군들은 그것이 자기들을 부르는 소리인 줄 몰랐어요. 그래서 그들은 한국 사람들을 '국'이라고 부르게 된 것이지요.

그날 밤 헨리와 릴리아는 늦은 밤 뉴스를 보고 있었어요. 쿠바 택시기사 살인 사건에 이어 뉴욕의 기사들은 다시 하루 동안 총파업을 하겠다고 해요. 그들은 최근에 라트비아, 자메이카, 파키스탄 등에서 왔어요. 뉴욕 시장이 기자회견에 나와서 고개를 숙여요. 이어지는 뉴스. 한밤중에 발견된 불법이민 화물선. 그 작은 보트에는 1인당 2만 불씩 밀수업자에게 주고 위험을 무릅쓴 50명의 중국인들이 타고 있었어요. 익사한 이들은 뱃전에 죽 뉘어져 있고 살아남은 자들은 경찰 트럭 안으로 줄

지어 들어가요.

두 사건 모두 끊임없이 이민들이 들어오고, 그로 인해 생기는 사건들이에요. 왜 그들은 위험을 무릅쓰는 것일까요? 미국이 여전히 기회의 땅이라고, 정직하게 열심히 일하면 성공할 수 있다고 믿기 때문이지요. 그러나 상황은 악화되고 있어요. 백인우월주의라는 단어가 범람하고 총기 사건이 쉬지 않고 일어나고, 인종차별, 이민 규제 등의 말들이 뒤엉키듯 쏟아져 나와요.

그러나 미국이 이민자들을 배척하는 것은 자신들의 기반을 흔드는 것이지요. 필요한 것은 이들 이민자들을 대변할 수 있는 정치인, 또는 정치 집단입니다. 다시 존 광의 말이 기억나지요? 다양한 이민들이 몰려오는데, 정치는 기존의 흑백인 중심에 머물러 있다. 이런 상황에서 존 광이 열린 이민 정책에 대해 말하면, 흑인들은 그가 백인 흉내를 낸다고 공격해요. 그런데 현재의 무기력한 흑인 시장 대신 존이 당선되기 위해서는 흑인들의 지지가 절대적으로 필요해요. 풀뿌리 이민 사회는 그를 열렬히 원하지만 존은 그래서 시장 선거에 나설지 결정하지 못하고 있어요.

자, 마지막 큰 뉴스. 시의원 존 광의 중앙 사무실과 옆 빌딩에서 큰 불길이 치솟아요. 화재의 원인은 알려지지 않았어요. 목격자들에 의하면 밤 9시에 폭발이 있었고 스키 마스크를 쓴 두 남자가 골목에서 달려 나왔다고 해요. 사상자에 대한 공식 보고는 없어요. 사람이 건물 안에 있기에는 너무 늦은 시간이라고 관계자들은 생각해요. 화면에는 뒤엉킨 거리, 불타는 차, 길에서 울부짖는 여자가 잡혀요. 워싱턴에 갔던 존은 공항에서 나와 차 안으로 급히 들어가요. 보좌관들, 셰리와 제니스도 말을 잃었어요.

존 광과 흑인 지도자들이 만났을 때 일어났던 작은 폭발 사건, 생각나지요? 이 화재 뉴스가 헨리와 릴리아에게 어떻게 비쳤을까요? 두 사람은 더 이상 화면을 보지 못해요. 어둠 속에서 릴리아가 비명을 지르며 화장실로 가서 토해요. "세상에, 오늘 밤 당신이 거기 있었을 수도 있잖아." 헨리는 주말이면 늘 혼자 밤늦도록 사무실에서 일했으니까요.

보세요. 유력한 차기 시장 후보이자 수많은 이민자들의 희망, 시의원 존 광에게 이런 참사가 일어났어요. 그의 이야기는 정점에 오를 듯하다가 이렇게 비틀거리는군요. 누군가 무슨 짓을 꾸미고 있군요. 정신과 의사를 제거했듯이 그들은 존을 겨냥하고 있나요? 헨리는 잭을 다그치지만 상관없다는 것을 알아내요. 흥분하는 그에게 잭이 충고해요. "가까운 사람들을 잘 보게."

이 폭발 사고의 파장은 크고 깊어요. 두 명의 사상자가 생겼어요. 밤 늦게 사무실에 남아 있던 자원봉사자 에두아르도와 청소 일을 하던 동독 이민자 헬다 브랜다이스가 희생됩니다. 미디어가 하이에나처럼 몰려들어요.

누가 이런 짓을 했는가? 범인이 누구인가? 이슬람 테러리스트다, 한인들과 불화하는 흑인들이다, 아니 북한 소행이다. 그래요. 다민족 미국 사회의 이해집단이 이런 식으로 얽혀 있군요.

지금부터 존 광의 태도에 주목합니다. 사건 이후 예상과는 달리 존은 일체의 성명서도 의견도 내지 않고 완전한 칩거 상태에 들어가요. 사건의 충격에서 헤어나지 못하는 듯해요. 그가 에두아르도를 얼마나 아꼈는지 잘 알지만, 그럼에도 불구하고 보좌관들도 지지자들도 헨리도 이해하지 못해요. 이 사건에는 겉으로 드러나지 않는 이유가 있는지도 몰라요.

헨리가 존 광을 대신하여 조의금을 들고 에두아르도의 가족을 방문하는 장면이 자세하게 묘사됩니다. 아버지, 어머니, 할머니, 여동생 두 명과 남동생, 그의 가족들은 임대 건물의 수위 일을 맡았어요. 그들이 사는 좁은 반지하 아파트에서는 끊임없이 엘리베이터가 올라가고 내려오는 소리가 들려요. 부모는 점잖은 사람들로 묘사돼요. 슬픔으로 몸을 가누지 못하면서도 헨리에게 예의를 갖춥니다. 어머니는 계속 기도문을 중얼거리면서 마주 앉은 그에게 음료를 권해요.

에두아르도는 어떤 젊은이였나요? 그들에게 에두아르도는

집안의 희망이었어요. 그들이 앉아 있는 방은 그의 사진으로 도배되다시피 했어요. 갖가지 상장들과 표창장들, 존과 그가 함께 찍은 사진도 눈에 띕니다.

헨리는 존이 보낸 조의금 봉투를 두 손으로 정중하게 어머니에게 건네요. 어머니가 받아든 붉은 리본으로 묶은 봉투 안에는 깨끗한 100불짜리 100장이 흰 종이에 싸여 들어 있어요. 큰 돈입니다. 불의의 사고로 세상을 떠난, 자신이 아끼던 젊은이를 애도하는 표시라 할지라도 말이지요. 어머니가 울면서 말해요. "아들은 여러 가지 알바를 했어요. 존이 그의 로스쿨 진학을 격려했어요. 아들은 존처럼 사람들에게 희망과 행복을 줄 수 있는 아이였어요."

에두아르도는 왜 늦은 밤 빈 사무실에 혼자 있다가 이런 일을 당한 것일까요? 가족의 희망. 가난한 이민자의 아들. 희생당하는 것은 왜 이렇게 늘 사회적 약자들인가요? 우리는 묻게 됩니다. 이 사건은 존 광과 어떤 관계가 있는 것일까요? 그는 알고 있는 것일까요?

Native
Speaker

제8강

그래요. 폭발 사건으로 존 광이 아꼈던 자원봉사자 에두아르도와 존의 어린 두 아들을 돌보기도 했던 동독 출신 난민 헬다가 희생되었어요. 자원봉사자들과 직원들은 불 탄 건물에서 존 광의 저택 지하실로 사무실을 옮겨요. 헨리는 저녁에 출근해서 창문에 검은 페인트를 칠하고 밤새도록 혼자 작업을 해요. 아무도 그가 그곳에서 일하는 줄 모릅니다.

폭발 사건의 파장은 가라앉지 않아요. 존은 여전히 이층 서재에서 나오지 않아요. 지지자들과 보좌관들은 사건에 대한 그의 공식 입장을 초조하게 기다리지만 그는 완강해요. 누구든지 자기 대신 미디어에 의견을 말하면 당장 해고하겠다고 해요. 대중은 그가 죽은 이들에 대해 무관심하다고 생각하기 시작하고 신문에서는 '존은 어디 있는 거냐?' 야유해요. 집 주위에는 기자들이 진을 치고 있어요.

이런 상황에서 존이 헨리를 만나고 싶어합니다. 홍보참모 셰리는 헨리가 존이 성명서를 내도록 설득하기를 바라요. 그녀는 존이 이번 위기만 넘기면, 오래도록 건재할 것이고, 한국인 2명과 중국인 1명이 꼭대기까지 갈 수 있다고 믿어요. 그리고 존과 이야기했다면서 헨리에게 정식 직원으로 일하자고 제안해요. '당신은 낯선 사람들과 선거구 주민들과도 관계를 잘 맺고 그들이 무엇을 원하는지 잘 이해하는 것 같다. 사람들은 금방 당신을 신뢰한다. 이런 특징들은 우리에게 소중한 자산이다.'

오늘은 존의 아들과 그의 미국 사회에 대한 진단에 대해 알아보지요. 무엇보다 존의 머니클럽에 대해 알아보지요. 사건 이후 헨리가 처음으로 존 광과 대면하는 장면을 보세요. 그의 눈에 비친 존의 모습은 충격적입니다. 그는 나사가 빠진 듯해요. 이전의 활력 넘치던 모습이 아니에요. 갑자기 나이 들어 보이고 곧 폐인이 될 듯한 기색입니다.

■■■ 그의 자세가 흐트러져 보인다. 그가 사람들 앞에 나설 때 볼 수 있었던 유연성과 탄력, 군중 속에서도 흔들리지 않는 자세, 박력 있는 두 주먹, 커다란 음성, 경이로운 활력, 이런 모습은 없었다. 나는 그가 도시의 한 블록 안에서 1,500명과 악수하는 것을, 탐욕스러운 불평

> 분자들의 집회에서 5시간 동안 질의응답을 주고받는 것을 목격했다. 헌츠 포인트에서 총에 맞은 초보 경찰관을 위해 조 목사가 동굴 같은 교회에서 가진 기도회에서 아침 내내 무릎을 꿇고 있는 그를 보았다. (…) 그는 이따금 지하철을 타고 집에 가는 것을 좋아했는데, 그런 오후 나와 에두아르도는 그를 사무실에서 지하철까지 호위했다. 그럴 때면 우리는 그가 시민들에게 스페인어, 힌두어, 중국어, 태국어, 포르트갈어로, 남에게 빌려오지도 않고 배운 것도 아닌, 완벽한 어조로 쾌활하게 인사하는 소리를 들었다. "계속하세요. 믿음을 지키세요. 당신이 어떻게 느끼는지 우리는 알아요. 당신은 혼자가 아니에요." (268)

그가 스페인어, 태국어, 힌두어 등의 언어로 이민자들에게 인사를 건네는 활기찬 모습을 보세요. 그는 이렇게 열정적으로 그들과 희망과 기대를 나누었군요. 헨리가 폐인이 된 듯한 그의 모습 앞에서 느꼈을 감정들을 생각해보세요.

이해하기 힘들지요? 그가 거쳐온 어려운 시간들을 생각해보세요. 무엇이 그의 삶의 면역력을, 그의 내공을 이렇게 속수무책으로 만든 것인가요? 그를 주저앉힌 것인가요? 헨리의 마음 속에 의문이 커집니다. 범인들이 노린 것은 에두아르도이다. 존 광에게 큰 상처를 주기 위해서, 가족을 제외하면 그가 총애한 에디를 겨냥한 거다. 그런데 왜? 그는 순진하고 성실한 청년일 뿐이었는데?

이런 상태에서 존과 헨리는 마주 앉아요. 이날 우리는 어린 두 아들을 둔 아버지로서, 소수민족 정치인으로서, 존의 고뇌를 알게 돼요. 치열하게 살아가는 이민자들에 대한 그의 관심도 다시 확인합니다. 존은 헨리에게 술을 권해요. 정치에 입문하기 전까지 그는 술을 입에 대지도 않았다고 해요. 그의 두 아들이 엄마가 준비해준 안주 쟁반을 들고 와요. 아들을 안아주며 입 맞추는 그의 모습이 담담하게 묘사돼요.

존은 두 아들에게 엄격한 유교식 교육을 하는 듯했어요. 아들들은 어른 앞에서 깍듯하게 예의를 차려요. 헨리는 미트를 생각해요. 그는 미트를 자유방임으로 그러니까 미국식으로 키웠어요. 그것이 넓적한 얼굴을 한 아이가 갈등 없이 온전히 미국인으로 성장할 수 있게 하는 방식이라고 생각했어요. 떠오르는 헨리의 어두운 생각을 보세요.

■ ■ ■ 주말이면 한국어학당에 가야 한다는 릴리아의 주장에도 불구하고 나는 우리 아들이 절대로 그 언어를 배우지 않을 것을 알고 있었다. (…) 나의 희망인즉, 그가 세계에 대한 단일한 감각, 단일한 삶에 대한 감각을 가지고 성장하기를 바랐다. 그렇게 하는 것이 그의 넓적하고 절반은 노란색 얼굴이 주지 못하는 권위와 확신을 그에게 주는 길이라고 생각했다. 물론 이것은 동화주의자의 정서, 나 자신의 추

악하고 절반은 맹목적인 미국과의 로맨스이기도 했다. (266–267)

여기서 생각나는 게 있어요. 1980년대에 본격적으로 시작되었을 거예요. 이화여대에서는 매년 여름 국제하기대학을 열었어요. 해외에 거주하는 이민 가족의 자녀들, 대학생들이 고국에 와서 한국어와 문화를 익히는 프로그램이지요. 아주 어렸을 때 이민을 갔거나 그곳에서 태어난 그들은 한국어가 서툴거나 거의 몰랐어요. 그 당시만 해도 한국을 잊어야 빨리 영어를 익히고 미국 문화 속으로 들어간다고 믿는 사람들이 많았어요. 일종의 멜팅 팟melting pot, 끓는 용광로 속으로 녹아들어가는, 동화를 원하던 시기였지요. 그런 교육을 시키려고 했던 부모들의 입장이 이해됩니다. 자신들이 당하는 차별의 서러움을 자식 세대에는 물려주지 않기 위해서이지요.

하여간에 몇 주 동안을 기숙사에서 함께 배우고 생활한 젊은이들이 떠나기 전날 다 같이 큰 홀에 모여 여름방학을 점검하고 의견을 나누는 시간을 가져요. 간단한 음료를 앞에 두고 일종의 종강 모임을 갖는 것이지요. 그들은 이런저런 이야기를 하다가 어느 순간부터 미국에서 겪은 어려움에 대해 말하기 시작해요. 자신들의 외모가 백인들과 다른 것을 깨닫는 순간의 충격, 동양인으로서의 갈등과 소외감에 대해 말해요. 그들은 집에서도 영어만 사용해야 했으므로 부모와의 대화도 어려워집니다. 집에서도 학교에서도 힘든 청소년기를 보냈어요.

그들은 이런 말도 했어요. 처음 서울에 왔는데, 한국인이면서 한국말을 못하는 자신들을 사람들이 무시하거나 경원했다고. 반면 그들 또한 무의식중에 교만했었다고 인정해요. 미국에 살고 있고 영어를 하니까요. 생각해보니 그런 태도는 미국에서 겪은 차별이 역으로 나타난 것이라고, 열등감과 우월감의 원인이었다고, 반성하기도 했어요.

종강파티 하는 저녁, 큰 홀은 눈물바다가 되었어요. 그들은 울고 웃으며 서로를 안아주고 처음으로 고민을 털어놓았다고 했어요. 한국말을 배웠으니 부모님과 더 많은 이야기를 할 수 있기를 바란다고 했어요.

아득하게 그때의 일들이 생각납니다. 지금 그들은 이창래와 비슷한 또래가 아닐까요? 그 이후 많은 것이 변했어요. 서울 올림픽 이후 해외여행이 자율화되면서 무엇보다 외국에 대한 젊은이들의 심리적인 억압이 사라졌어요. 교포 젊은이들은 맹렬하게 한국어와 한국 문화를 배우고 있어요. 이러한 변화는 교포들의 자존감에 큰 영향을 주는 것이지요.

다시 존 광의 이야기로 돌아옵니다. 그는 헨리에게 아들이 학교에서 겪은 차별에 대해 말해요. 헨리는 죽은 아들 미트를 떠올려요. 존의 아들은 백인 동급생들에게 계속 조롱당하고 멸시당해요. 그들은 존에 대해서도 모욕적인 말을 해요. 참고 참던 아들은 태권도로 단련된 주먹으로 그 아이에게 덤벼요. 그 때의 절박함이 생생하게 묘사됩니다. 의기양양하던 백인 소년은 피를 흘리며 쓰러지고 울음을 터뜨려요.

존과 메이는 멀찍이 떨어진 자동차 안에서 지켜보고 있었어요. 빨리 나가서 말리라는 메이의 재촉도 그는 무시하고 아들이 혼자 어떻게 대응하는지 보려고 했어요. 아들은 쓰러져서 울부짖는 백인 아이에게 몸을 기울이고 날 때려, 날 때려, 계속 말했어요. 겁에 질린 백인 아이는 울기만 했고 아들은 이틀 동안 앓아 누웠어요. 아들이 혼자 거쳐 간 충격과 공포를 어른들은 알 수 있을까요? 아이들이 수모를 겪지 않는 세상, 존은 그런 세상을 원하는게 아닐까요?

이날 헨리는 존 광의 정치적 비전에 대해서, 그가 진단하는 미국 사회의 현실에 대해서 좀더 자세하게 알게 돼요. 그는 헨리에게 본격적으로 함께 일하자고 하지만 그는 정치할 마음이 없다고 답합니다. "내가 원하는 건, 정치가 아니오." 그는 단언해요. 현실 정치란 거래하고 포기하고 타협하면서도 겉으로는 원하는 것을 향해 투쟁한다고 홍보하는 것이니까요. 존이 원하는 것은 그런 것이 아닙니다.

그는 자신을 지지하는 가난한 이민자들, 불법체류자들, 채소 가게, 세탁소, 작은 술집을 운영하는 자영업자들의 소망을 이루어주고 싶어요. 일한 만큼 잘살게 되고, 권리와 의무를 행사

할 수 있는 법적 지위를 갖게 되고, 가족과 휴식도 취하고, 작은 재산도 모을 수 있는 세상을 만들고 싶어요.

술잔이 오가고 존은 자기가 왜 에두아르도를 아꼈는지 말해요. '그는 태생적인 의지와 진정한 신념을 가지고 있었다. 나는 그와 같은 청년을 보면 울고 싶다.' 존 광은 자기가 이 사건에 관한 입장을 밝히지 않는 이유를 말해요. 그가 무슨 말을 하던 백인인지, 흑인인지, 아시아인이지, 어느 한 집단에 의혹을 씌울 거라는 것이지요. 결국은 인종 문제로 받아들일 거라는 것이지요.

■ ■ ■ "내가 무슨 말을 하던 그들은 인종 문제로 만들 거야. 황인종이 발언했다는 식으로. (…) 그러나 그들이 인종 갈등에 대해 말하면 말할수록 더 많은 대중은 인종적 다양성이 무슨 이익을 가져오는지 의심하게 되지. 최근에 일어나는 일의 저변에 깔린 감정은, 다름과 차이는 이 나라를 강하고 풍요롭게 만드는 게 아니라 병들게 한다는 것이지. 이렇게 되면 무슨 일이 일어날지 알 수 있어. 대중은 주류의 경험과 문화 이외의 것들은 모두 위협적이고 위험하게 보는 거야. 헨리, 이 나라는 누가 합법적으로 살 수 있고 중요한지에 관해서 점점 더 배타적이고 폐쇄적이 되고 있어." (274)

미국 사회에 대한 그의 이 진단, 어떻게 생각하세요?? 우리

나라는 어떤가요? 얼마 전 신문 기사가 생각나요. 어느 명문 공대로 유학 온 인도 학생이 지난 5년 동안 학교생활 재미있게 해왔는데, 학생회장에 당선되자 노골적으로 차별한다는 것이지요. 한국처럼 잘사는 나라가 글로벌한 나라가 되기 위해서는 다양성에 대한 존중과 관용이 있어야 한다고 그는 말해요. 그래요. 너나없이 각성이 필요하지 않나요?

계속하지요. 존 광은 서랍에서 녹색과 흰색의 출력물을 꺼내요. 그의 지지자들과 가족들에 대한 상세한 정보가 들어 있어요. 이름과 주소, 나이, 직업, 사업체의 이름, 연간 수입, 국적, 그리고 맨 오른쪽에 달러 액수에 두 줄로 밑줄이 그어져 있어요. 그는 헨리에게 말해요. "난 자네를 신뢰할 수 있어. 자네는 우리가 하고 있는 일을 믿으니까. 에두아르도가 하던 일을 해주기 바라네."

'나는 자네를 신뢰할 수 있어.' 그의 말을 들으며 헨리는 무엇을 느꼈을까요? 우리는 압니다. 그는 호글랜드가 원하는 머니클럽에 관한 정보를 손에 넣어야 합니다. 2주일 안에.

헨리는 이날 밤 이후 에두아르도가 맡아왔던 존의 머니클럽을 관장하게 됩니다. 낮에는 릴리아의 언어 수업을 거들고, 이른 저녁을 먹고 잠깐 눈을 붙인 뒤 밤 9시에 지하 사무실로 출근해요. 그가 이 일에 몰두하는 모습이 생생하게 묘사돼요. 그는 기부자들에게 현금만 받아요. 수표, 복권, 다이아몬드 박힌 귀걸이, 과일 상자, 코냑 등 현금 아닌 것들은 되돌려주거나 기부하거나 버립니다.

앞에서도 말했지요? 이 지역의 많은 이민자들, 한국, 베트남, 인도, 남미에서 온 사람들이 존에게 기부금을 보내요. 10불, 25불, 때로는 100불, 250불… 엄청난 액수가 매주 들어와요. 화재 이후 존의 입지가 크게 흔들리고 있지만 지지자들의 충성심은 더 강해지는 듯합니다. 한국인들의 후원금은 대도시 전역에 있는 수십 개의 교회를 통해 들어와요. 퀸즈와 나소와 웨스트체스터와 버긴 군의 교회에서도 들어와요. 감리교, 장로교, 천주교 신자들이 후원금을 보내요. 코네티컷 지역 한인들은 예외인데, 헨리의 아버지처럼 채소가게, 세탁소 등으로 돈을 벌어 이사를 간 그들에게는 그가 필요하지 않은 듯해요.

후원금을 보내오는 교회들의 이름이 끝없이 이어져요. 장로교 영광교회, 지상의천국 교회, 한인 헌신동호회 교회, 한인 가톨릭교회, 감리교회, 침례교회, 복음교회, 루터교회… 이 모든 교회들로부터 마닐라 봉투에 담긴 돈이 들어옵니다. 어떠세요? 그만큼 존을 지지하는 교민들의 열망이, 미국 땅에서 차별받지 않고 살고자 하는 열망이 강하기 때문이지요.

계속합니다. 그 외의 기부금은 헨리가 선택한 가명으로 직접 오는데, 그는 매주 수백 통의 작고 흰 봉투들을 받아요. 그중에는 죽은 에두아르도를 위한 돈이 영어, 스페인어, 중국어, 또는 듣도 보도 못한 언어로 쓴 손편지와 함께 들어 있기도 해요. 어떠세요? 주말이면 들어오는 큰 돈봉투들. 이 엄청난 돈 앞에서 불길한 느낌도 듭니다.

헨리는 매일 밤 기부금을 입력하고 분류하고 합산하고 필요한 자료들을 수집해요. 기부자들의 명단과 정보를 프린트한 큰 종이뭉치를 존 광에게 건네면, 그는 돈의 액수와 상관없이 거의 2천 명이 되는 명단을 외우고 또 외워요. 그들을 길에서 우연히 마주치게 되면, 그들이 가발가게를 하는지, 옷감 도매점을 하는지, 그들에게 아들과 딸, 심지어는 갓난아기가 있는지 등을 알고 있어요.

헨리는 후원금을 보낸 사람들에 대한 세세한 정보를 알게 되면서 그들의 이야기는 자신의 이야기이기도 한 것을 알게 돼요. 이 나라에 비행기를 타고 왔는지 보트로 왔는지, 아이들은 몇 명인지, 수입은 얼마인지, 지금 무슨 일을 하는지. 그것은 거대한 파도처럼 이어지는 미국 이민의 역사니까요.

자, 보세요. 존 광의 머니클럽의 운영 방식은 한인들의 계에 기반을 두고 있어요. 앞에서 헨리 아버지를 통해 알게 되었지요? 가령 회원 열 명이 매달 일정한 금액을 내면 목돈이 필요한 회원이 가져가고 그 돈은 채소가게 또는 세탁소를 열 수 있는 종잣돈이 되었지요. 존의 머니클럽은 누구에게든지 열려 있어요. 국적에 개의치 않고 누구든지, 인도인들도 베트남인들도 혜택을 받을 수 있어요. 담보 없이, 계약 없이.

존의 머니클럽이 돈을 빌려줄 때 조건은 간단해요. 컬럼비아 대학 학생이 등록금이 필요하면 대학의 성적표를 가져와요. 영어를 못하면 통역과 함께 와요. 가게 보증금이 필요하면 일하고 있는 가게 주인과 함께 와요. 어머니의 고관절 수술을 해야 한다면 엑스레이 사진을 가져옵니다. 그래요. 존에게 들어오는 엄청난 후원금은 이런 방식으로 가난한 이민자들이 자립할 수 있는 기반이 됩니다.

계속하지요. 헨리가 일에 몰두하는 모습에서 위기가 닥치기 전에 마무리해야 하는 사람의 절박함이 느껴져요. 그는 조만간 자료를 넘기고 손을 떼기로 릴리아와도 잭과도 약속하지 않았나요? 이런 초조함과 위기감은 헨리와 릴리아의 일상에도 나타나요. 아침나절 언어 교습이 끝나면 두 사람은 정신없이 도시의 이곳저곳을 쏘다녀요. 걷기도 하고 지하철도 타면서 미행자를 따돌리는 것처럼 숨 가쁘게 움직여요. 미트와 함께 다녔던 골목들도 다시 가요. 플러싱에 있는 불타서 폐허가 된 건물에 가서 에두아르도와 헬더가 발견된 창 없는 작은 사무실에 들어가기도 해요. 충동적인 섹스를 하기도 해요. 헨리는 릴리아의 품에 안겨 있는 미트의 모습을 보기도 해요. 저녁 무렵 헨리가 일하러 나갈 때면 두 사람은 표정으로 동작으로 서로 조심할 것을, 문단속도 잘할 것을 다짐해요. 심상치 않은 일이, 위험이 모퉁이를 돌고 있다는 느낌을 독자들도 느껴요.

그리고 잭이 헨리를 찾아와요. 동네 카페에 마주 앉아 그가 헨리에게 하는 말은, 상황이 임계점에 도달했음을, 더 이상 지체될 수 없다는 것을 강하게 알려줍니다. 잭은 머니클럽에 관한 일체의 자료를 요구해요. 그리고 의미심장하게 경고해요.

■ ■ ■ "우리 같은 사람들은 사물의 작은 부분만을 볼 수 있어. 그건 어쩔 수 없어. 우리들은 선량한 이민자들일 뿐이야. 그래서 상관 안 하는 거지. 자네나 내가 원하는 것은 작은 행복이야. 열심히 일하고 게임의 룰에 대해 너무 의문을 품지 않는다면, 우리는 그들이 소유한 것의 한 조각을 얻을 수 있어."

"그게 뭔데요, 잭?"

"농담해?" (…) "자네 자신을 봐. 아름다운 미국인 아내, 가지고 있는 많은 것들을 보라구. 어디든지 원하는 대로 갈 수 있고 자기 생각을 말할 수도 있잖아." (288)

생각나지요? 존이 헨리에게 말했던 미국 사회에 대한 진단, 주류 세력은 자기들과는 다른 경험과 문화를 위험하게 여긴다는 것. 그리고 잭은 지금 이방인의 한계를 이렇게 꿰뚫고 있어요.

헨리가 잭에게 저항하듯 말해요. "존 광 같은 사람이 큰일을 시도하면 당장 의혹이 따라붙어요. 누군가가 나서서 돈을 주고 우리 같은 하이에나들을 보내요. 우리는 그를 염탐해내요. 알다시피 우리는 우리 자신을 잡아먹는 거지요."

'우리는 우리 자신을 잡아먹는다.' 이 말에 떠오르는 말이 또 있지요? '우리 스파이들은 스스로를 배반한다.' 기득권자들은 자신들의 손을 더럽히지 않고 하수인들, 타자들을 시켜서 서로 제거하게 합니다. 배반하게 합니다. 그래요. 이 소설에서 희생되는 것도 약자들입니다. 미트, 에두아르도와 동독 이민자 헬더, 그리고 존 광.

잭은 강조해요. "존의 머니클럽의 자료 일체를 우리에게 넘겨." 헨리는 존의 후원자들, 그를 존경하고 사랑하는 이들의 명단을 생각해요. 그것은 지난 7년 동안의 그의 삶, 캠프 미팅과 피크닉과 달리기 대회와 고등학교 씨름대회, 이 모든 행사에 참석했던 그의 삶의 흔적이자 증거이기도 해요. 헨리는 그들이 보내온 봉투를 열 때마다 빳빳한 지폐와 함께 존을 응원하는 음성을 들을 수 있어요. 그런데 그들은 그 명단을 달라고 해요. 왜요? 그들은 누구인가요?

이날 잭은 결정적인 정보를 헨리에게 줍니다. 연방정부가 존을 주시하고 있어요. 국세청은 주일마다 그의 지하실에서 나오는 엄청난 후원금에 주목하고 있어요. 우리는 그 후원금이 이민자들의 자립금으로 사용되는 것을 알아요. 인종에 개의치 않고 말이지요.

책은 그러나 의문을 제기해요. "존이 자네를 속일 수도 있거든. 자네의 존경과 찬미를 이용하는 거지." 그러면서 직격탄을 날려요. "존의 머니클럽은 여러 개 있는데, 자네는 그중 한 개만을 취급하는지도 몰라." 그는 이런 근거를 대요. "존은 시의원이 된 후 사업에 소홀해지면서 거금을 잃었거든. 그는 사람들로부터 그 손실을 보상받을 자격이 있다고 생각할 수도 있어."

인용문을 보세요.

■ ■ ■ "이것은 국세청에게는 민감한 문제가 될 수 있어. 자네는 그 모든 돈을 거의 다 재분배한다고 말하지만. (…) 자네가 모를 수도 있어. 그는 시의원이 된 이후 어떤 사업에서는 상당한 돈을 잃었거든. 만만찮은 재산이지. 그는 사람들이 그에게 되갚아야 할 게 있다고 생각할 수도 있어. 어쩌면 자네는 열두어 개 아니 스물 몇 개가 되는 그의 머니클럽 중 한 개만을 다루고 있을지 몰라. (…) 자네도 어쩔 수 없을지 모르지. (…) 무언가가 자네를 사로잡고 있어. (…) 명예를 존중하는 존 광이 자네를 속이고 있을 수도 있어. (…) 자네의 진정한 존경과 찬미를 빌미로 그가 자네를 이용할 수도 있지 않을까?" (291)

어떠세요? 헨리가 모르는 머니클럽의 진실인가요? 또는 헨리의 충성심에 균열을 내려는 그들의 전략인가요? 잭은 존의 후원금 횡령 가능성을 암시하고 있지만, 헨리는 이에 대해 어떤 반응도 보이지 않아요. 어떤 감정도 나타내지 않아요. 이렇게 존 광에 대한 의문을 던진 후 잭은 다시 미국 사회에서 이방인의 위치를 환기시킵니다.

■ ■ ■ "난 미국이 그리 개방적이지 않은 걸 알아. 자네나 나 같은 자들은 필요한 일만 할 수 있어. 우리는 선택할 수 있는 자들이 아니거든. 우린 모든 일에 이방인이라고 느끼지. 그 정도는 알아차릴 만큼 영리하니까 우리 것이 무엇인지 알지. (…) 그러니, 파키, 우리 같은 사람들에게 무엇이 더 좋은 건가?" (292)

잭이 사용하는 무기, 헨리가 이 사회에서 선택의 여지가 없는 주변인임을 다시 상기하는 것에 주목하세요. 헨리에게 주제 파악을 하라는 최후통첩으로 들립니다.

Native
Speaker

제9강

우리는 이번 시간에 존 광을 통해 에두아르도의 죽음에 관한 진실을 알게 됩니다. 헨리는 그들에게 존 광의 머니클럽 자료를 넘겨요. 불법체류자들은 체포되고 존 광은 탈세 혐의로 연방정부의 수사를 받게 돼요.

자, 반복하지요. 폭발 사건으로 존의 정치적 입지가 크게 흔들리고 있어요. 여전히 그는 칩거 중이고, 미디어는 밤낮없이 집 주위에 진을 치고 있고, 메이와 두 아들은 소란이 미치지 않는 다른 지역의 그의 집으로 보내졌어요.

사태를 악화시키는 것은 에두아르도의 사망 이후 그에 관해 새롭게 밝혀진 사실입니다. 그가 맨해튼에 월세 1,000불짜리 아파트를 가지고 있었다는 것이지요. 미디어는 맹렬하게 존에게 해명을 요구하고 그의 머니클럽에 의문을 제기해요. 야간대학생 자원봉사자가 어떻게 맨해튼의 월세 1,000불짜리 아파트를 빌릴 수 있었는지, 어떻게 그들의 부모조차 모르고 있었는지, 도대체 그는 누구이고 무슨 일을 했는지.

저녁 뉴스에는 경쟁하듯 그에 관한 보도가 이어져요. 야심만만한 그를 시의원은 아들처럼 대했다든지, 그는 시의원을 위해 신흥 종교의 광신자처럼 일했다든지, 시의원은 퀸즈 북부 지역의 '인종적 기지'를 근거로 일종의 제국을 만들려고 했다든지… 뒤이어 에두아르도의 가족이 사는 아파트와 불탄 사무실, 공동묘지와 묘비 등이 비쳐져요. 이 모든 열띤 보도는 명백하게 이번 폭탄 사건이 돈과 관련되어 있음을 암시하면서 존이 사실을 밝혀야 한다고 주장합니다. 뉴욕 시장 데 루스는 자신이 존 광을 얼마나 존경하는지를 말하고, 그러나 모든 사람들은 법을 준수해야 한다고 못박습니다.

보좌진과 존의 지지자들은 그가 나서서 밝혀주기를 원해요. 나는 그 청년을 아꼈다. 그러나 개인적인 생활에 대해서는, 아파트에 대해서는 전혀 모른다. 하지만 그는 고집스럽게 칩거하고, 그의 지지도는 곤두박질칩니다. 사람들이 떠난 그의 사무실에는 헨리와 제니스만 남아 있고 셰리도 몸을 사리고 떠날 준비를 해요.

이 소용돌이 속에서 헨리의 머릿속을 거쳐 가는 생각들을 보세요. 존이 에두아르도에게 선물을 했을 수 있다는 것, 그리고 이는 머니클럽과 상관있을 수 있다는 생각을 해요. 또 에두아르도가 존 광의 돈을 빼돌린 거라는 생각도 해봐요. 무엇보다 에두아르도는 존의 후원자들에 관한 파일을 만들고 있었어요. 그런데 헨리 자신도 머니클럽 자료들을 만들고 있지 않나요? 헨리는 혼란에 빠져요. 하여간에 그동안에도 내내 그는 밤새도록 지하실에서 혼자 작업을 해요. 그리고 이 고립무원의 닫힌 시간과 공간 속에서 그와 존의 만남이 이어져요. 잘 보세요.

두 사람은 텅 빈 새벽의 플러싱 거리를 걷기도 하고, 택시 기사들과 세탁하는 사람들로 붐비는 밤새 영업하는 한국 식당에서 갈비와 찌개와 서울에서 수입한 맥주를 마시기도 해요. 두 사람은 세상의 시선을 벗어나요. 서로 의지하고 신뢰하면서 만나고 있는 듯해요.

담담하게 묘사되는 이 부분은 특이한 아름다움과 호소력을 가지고 있어요. 몰락 직전의 소수민족 중년 정치인과 자원봉사자로 위장한 고뇌하는 젊은 스파이. 먼동이 트기 전의 거리를 배경으로 움직이는 두 사람의 모습은 정물화 같기도 하고 팬토마임 같기도 해요. 존은 그에게 이런 말도 합니다. "나 같은 사람은 동시에 여러 사람이 되어야 해. 아버지이가 되기도, 독재자가 되기도, 하인이 되기도 해야 해. 무엇보다 이 나라가 지금까지 본 중에서 가장 자유롭게 변신할 수 있는 배우가 되어야

해. 사람들이 총애하는 순결한 사랑이 되어야 해."

헨리는 이런 시간들을 통해 존 광을 더 잘 이해하게 되는 듯해요. 그가 이루고자 했던 우리 집과 같은, 살기 좋은 세상에 대한 비전이 더 분명해지는 듯해요. 존의 손 안에서 모든 것이 빠져나가는 그때 말이지요.

헨리가 존 광이 에두아르도의 죽음에 연루된 것을 알게 된 것은 이즈음입니다. 존이 급격하게 허물어지면서 칩거하는 이유도 알게 됩니다. 깊은 밤 위스키 병을 가운데 두고 존의 지하실에서 두 사람은 다시 마주 앉아요. 술이 오르기 시작하면 존은 과거로 돌아가는 듯해요. 눈을 꾹 감고 한국의 옛 민요를 부르고 전래동화를 말하기도 해요. 그의 존재 깊은 곳에 살아 있는 고향의 기억들, 한국인의 정서 속에 각인된 경험들이지요.

그가 말하는 전래 동화를 보세요. 가난에 쫓겨 아들은 부모를 남겨두고 도시로 가서 자수성가해요. 세월이 흘러 고향에 돌아왔을 때는 고생만 하던 부모님은 돌아가신 뒤입니다. 또 이런 이야기도 해요. 가난한 아버지가 딸을 선원들에게 팔아요. 배고픈 동생이 형님 집에 밥 얻으러 갔다가 형수가 밥 주걱으로 뺨을 때리자 허겁지겁 밥풀을 떼어 먹어요.

전쟁 세대에게 익숙한, 이제는 잊고 싶은 이야기들. 그래요. 존의 말처럼 불타는 가게에서 살아남은 한국 이민들은 보릿고개를 넘어온 조상의 후손들입니다.

두 사람은 취해갈수록 영어와 한국어를 섞어가며 말해요. 그러다가 한국말이 더 많이 나오고 한국 발음이 알파벳으로 표기되기 시작해요. 영어 텍스트 안에 한국어 문장이 거침없이 등장해요. 그래요. 젊은 교포 작가가 쓴 본격적인 이민 서사에 적합한 시도가 아닐까요?

존은 자신의 운명을 예감하고 있었을까요? 깊은 밤, 독한 술을 마시며 되살려내는 옛 고향의 이야기. 그의 자기방어가 느슨해지는 듯해요. 헨리는 어떤가요? 흔들리는 존을 보면서 그의 스파이 본능이 작동해요. 그는 존에게 아내와 아이들 안부를 물어요. 한국인에게 가족은 취약한 부분이지요? 처음 만난 사람끼리도 식구들 안부를 물으면 부드러워지지요? 헨리는 지금 그 방법으로 접근하는군요. 그런 상태에서 돌연 존 광은 따지듯 물어요. "왜 자네만 에두아르도에 대해 묻지 않나?"

헨리가 계속 침묵하자 사실을 밝히는 것은 존 광 자신입니다. 그날 밤 헨리는 한국 술집에 가자는 존 광을 말렸어야 하지 않을까요? 그러나 그는 무너지는 둑을 막으려 하지 않았어요.

헨리는 취한 그를 태우고 정적에 잠긴 맨해튼 거리를 달려 한국 술집으로 가요. 그의 마음속에 존이 꿈꾸었던 우리 집에 대한 비전이 다시 떠올라요. 해질 무렵 하루의 일이 떠오르는 것처럼 말이지요. 우리는 이제 헨리가 그를 존경하게 된 이유를 분명하게 알게 됩니다. 보세요.

■ ■ ■ 나는 백미러를 통해 그를 보았다. 그는 대로의 상점들과 주차장들을 응시하고 있었다. 맨해튼은 그가 향하고 있는 다음 무대, 그의 삶의 다음 단계가 될 예정이었다. 그는 또 한 명의 소도시 출신 소수민족 정치가로 만족하지는 않을 것이었다. 그는 이 도시의 모든 지역을 대변하는 일등 시민처럼 중요하게 두각을 나타낼 것이었다. 그는 모든 다양한 인종의 사람들과 함께 시장 관저의 층계를 올라갈 것이었다. 전리품이나 정복당한 사람들로서가 아니라, 언제나 새로워져야 하는 이 도시의 살아 있는 목소리로서 함께 갈 작정이었다.

(…)

그는 내가 꿈꾸던 한국인의 모습이었다. (…) 살아 있는 유명한 사람. 그는 힘 있고 분명한 목소리로 청교도처럼, 중국인처럼, (…) 보트를 타고 이 땅에 도착한 모든 사람들처럼, 두려워하지 않고 우렁차고 당당한 음성으로 말했다. 나는 그런 순간의 그가 가장 감동적이고 아름답게 보였다. (303–304)

헨리는 다시 아버지의 어색한 영어와 자신의 액센트에 대한 자의식을 상기합니다. 네이티브 스피커가 아니어서, 액센트가 있는 영어 때문에 수치를 내면화하는 이민자들과 그 자녀들을 떠올립니다. 그래서 존에게 기대를 걸었던 것이지요. 이 모든 사람들의 침묵과 열등감을 뛰어넘는, 두려움 없이 말하고 행동하는 정치인 존을 지지한 것이지요.

이렇게 늦은 밤 맨해튼 거리를 달리며, 헨리는 존 광의 비전을 마지막으로 강조합니다. 죽기 전의 백조가 부르는 스완 송swan song을 그가 불러주는 것 같지 않습니까? 지금은 장마철 금요일 이른 아침. 열린 창으로 습기찬 바람이 들어오는군요. 자, 이날 밤 무슨 일이 일어나는지 봅시다.

헨리는 존의 지시로 그 시간 셰리의 아파트에 들려 그녀와 함께 한국 술집으로 갑니다. 특실에 안내된 그들은 서울에서 방금 온 듯한 열대엿 살쯤 되어 보이는 호스티스의 시중을 받으며 다시 술을 마셔요. 만취 상태인 존과 나란히 앉은 셰리의 외로운 모습. 언성이 높아지고 존이 그녀에게 폭력을 가하고 헨리가 그의 팔을 붙들고, 그녀는 밖으로 달아나요. 방 안은 긴장과 적의로 터질 듯해요. 존에게서 참았던 말들이 쏟아지는 것은 이때입니다. 헨리가 상상할 수 없었던 에두아르도에 관한 진실입니다.

■ ■ ■ "난 그에게 돈을 준 적이 없어!" 그는 술잔으로 테이블을 내리치며 소리쳤다. "도대체 몇 번이나 말해야 하는 거야? 그는 아무것도 받지 않고 날 위해 일했어, 자네처럼. 아무것도 받지 않았다고. 나는 단지 그에게 우리의 삶을, 우리 같은 사람들에게 무엇이 가능한지를 보여주었을 뿐이야. 난 그것이 그가 원하는 것이라고 생각했어. 내가 미쳤던 거야? 난 무엇이든 힘닿는 대로 그에게 주려고 했어. 그러나

헨리, 그는 우리를 배신하고 있었어. 우리가 하는 모든 일을 데 루스에게 보고한 거야! 틀림없어! 자네 얼굴의 공포를 봐. 그의 정체를 알게 되었을 때 내가 느낀 공포를 생각해봐. 헨리, 난 그를 사랑했어. 그의 죽음을 애도해. 그러나 그는 날 배신했어. 끔찍한 배반자. 난 한인 갱단에게 그를 맡겼어. 이런 식으로 일이 터질지는 몰랐어. 할 수만 있다면 그를 당장 데려오고 싶어. 이 일을 아는 사람은 자네뿐이야. 자네가 세상이야. 나는 세상이 알도록 자네에게 말하는 거야. 헨리, 날 위해서 말해주게. 세상이 알고 있다고." (311)

취한 상태에서 존 광이 쏟아낸 말, 그가 거쳐 간 배신과 충격. 헨리는 몰랐지만, 존도 몰랐지만, 에두아르도 역시 호글랜드가 심어놓은 스파이였던 것이지요. 화재 이후 존이 자신의 정치 생명이 위태로워지는 것을 감수하면서도 침묵했던 이유입니다.

그런데 이 순간에도 존이 모르는 것이 또 있지 않나요? 그의 곁에 남아 있는, 그가 신뢰하는 한 사람, 헨리의 얼굴에 왜 공포와 충격이 나타났는지 그는 알지 못해요. 존은 언제 미망에서 깨어날까요? 비극의 주인공처럼 그 또한 추락하면서 눈을 뜨게 될까요?

헨리는 혼자 방에서 나와요. 절망한 존과 어린 호스티스를 남겨놓고, 테이블 위에 차 열쇠를 놓고. 그 이후 일어난 일들은 예정된 결말 또는 일종의 후렴이라고 할 수 있어요.

헨리는 존 광이 에두아르도의 죽음에 개입됐다는 것을 릴리아에게도 호글랜드에게도 말하지 않아요. 릴리아를 보호하기 위해서이고, 무엇보다 조직에 알리지 않는 것이 존에 대한 최소한의 예의라고 생각했어요. 헨리는 자기가 보고서를 쓰지 못했을 때 호글랜드가 지켜보기만 했던 것도, 필리핀 의사와 실패한 자신에게 다시 존 광의 일을 맡긴 이유도 이해하게 돼요. 그가 심어놓은 에두아르도를 통해서도 정보를 모으고 있었던 것이지요. 헨리는 다시 스파이의 자기배반을 언급합니다.

헨리가 그들에게 서류를 넘기는 장면은 간단하게 처리돼요. "그와 조직의 관계는 이것으로 끝이다. 헨리 자신이 희생될지언정 릴리아의 안전을 절대 보장한다." 그들과 미리 확인했어요. 늦은 밤 비 오는 도시, 적막한 한국 식당. 긴장감이 깔린, 그러나 겉으로는 익숙한 일상적인 모습들입니다. 헨리와 조직의 두 사람, 일본인 피트와 백인 여성 그레이스가 만납니다. 국수를 먹으며 암호 같은 짧은 대화를 무표정하게 주고받은 세 사람. 그들은 헨리의 서류를 확인한 뒤 내일이라도 다시 만날 듯 헤어집니다. 스파이 영화에서 자주 보는 이런 분위기, 익숙하지요?

존 광의 머니클럽에 관한 서류를 그들에게 넘긴 뒤 헨리에게 극도의 우울함과 자기배반감이 밀려옵니다. 그는 위로가 필요한 듯해요. 그는 아버지를 떠올려요. 자기 삶의 바로미터이자 애증의 대상인 아버지. 그는 비로소 이민자로서의 아버지의 삶을 이해하게 되는 것일까요? "부모님이 이 모든 진실을 알게 된다면 무슨 생각을 했을지 궁금했다. 그들은 반대했을까? 아버지는 나의 속임수를 철저하게 실용적인 면에게 보려고 했을 것이다. 그 속임수들은 아버지 자신이 매일 견뎌내고 필요에 의해 적응하며 이득이 된다고 믿으면서 살아남은 것들과 비슷하다고 생각할 것이다."

헨리는 자기가 존을 배신한 것을, 아버지가 살아남기 위해 감내했던, 속고 속이며 참아낸 시간들과 연결해요. 그는 자신의 배반을 이민자의 숙명이자 짊어져야 할 짐으로 받아들이려는 듯해요. 이런 헨리의 생각에서 자기 존재에 대한 모멸과 포기마저 느껴집니다. 그러나 그의 생각은 패배적인 어조로 끝나지 않아요. 자기 긍정을 향한 전환이 일어나요. 잘 보세요.

헨리는 아버지 세대와는 달리, 아들 세대가 가지고 있는 무기를 확인해요. 아버지의 노력이 제공한 돈과 교육으로 아들은 이 땅의 기득권자들의 언어를 배우고 그들의 편견과 오만을, 그들의 게임의 법칙을 파악했어요. 그래서 그들은 더 이상 기득권의 메커니즘을 방어할 수만은 없어요. 그래요. 강력한 메시지입니다.

■ ■ ■ 나의 추악한 이민자의 진실인즉, 나는 나 자신을, 그리고 착취당할 수 있는 다른 사람들을 착취해왔다는 점이다. 그리고 이 진실이야말로 내가 언제까지고 짊어지고 가야 할 짐이다. 그러나 나와 같은 사람들에게는 다른 차원이 존재한다. 우리는 관용어와 액센트 하나하나를 다 배울 것이다. 우리는 당신들이 가지고 있는, 고상하면서도 파괴적인 마지막 위선과 관습까지 다 해체할 것이다. 당신들은 우리의 눈과 귀로부터 아무것도 감출 수 없다. 이것은 당신들의 역사이다. 우리는 당신들의 가장 위험하고 책임감 있는 형제들이다. 우리 가슴의 노래는 분노에 차 있으면서도 슬프다. 왜냐하면 당신들만이 나에게 이런 서정적인 양식을 허용할 수 있기 때문이다. 나는 다시 이 양식으로 당신들에게 말한다. 이것이 내가 감히 소중하게 키워온 나의 유일한 재능이다. 내가 받은 미국 교육의 전부이다. (319–320)

그래요. 도발적이고 당당한 메시지가 아닌가요? 이렇게 헨리는 소수민족으로서의 자신의 역할을 미국 사회라는 큰 맥락에서 확인합니다. 그것은 미국 교육이 제공한, 그가 키워온 유일한 재능으로 자신의 이야기를 돌려주는 것이고, 존에 관한 이 후일담은 그 일을 향한 첫 걸음인 것이지요. 이제 이야기가 어떻게 끝나는지 지켜봐야 합니다. 고통스럽지만 피할 수도 피해서도 안 됩니다. 존 광을 위해서, 그의 후일담을 써내는 헨리를 위해서, 읽는 우리들을 위해서. 그래야 이야기의 역할이 일단

락됩니다. 헨리가 존 광의 추락 현장을 끝까지 지키는 이유입니다.

계속하지요. 늦은 밤 한국 술집에서 있었던 일, 기억하지요? 존과 셰리 사이의 고성과 몸싸움. 셰리가 떠난 뒤 만취하고 격분한 존이 에두아르도의 죽음에 관한 진실을 토해냈었지요. 헨리는 자동차 키를 테이블 위에 놓고 존과 어린 호스티스가 남아 있는 방을 나왔지요. 그리고 비 오는 밤, 그들에게 머니클럽 자료를 넘겼습니다.

그 이후 무슨 일들이 일어났는지 보세요. 늦은 밤 뉴스는 두 가지 사건을 보도합니다. 존 광의 몰락과 직결되는 일들입니다. 존이 음주운전으로 큰 사고를 냈어요. 술집에서 술을 마시고 어린 호스티스를 태우고 자기 차를 운전하고 가다가 사고가 났어요. 자동차 유리창 와이퍼에 머리를 부딪힌 여자는 혼수상태에 빠져 있어요.

카메라는 보석금을 내고 풀려난 존이 황급히 사라지는 모습을 따라가요. 넥타이는 풀어져 있고 윗옷 단추는 열려 있어요. 시커멓게 멍든 눈, 헝클어진 머리, 한쪽 뺨에 붙어 있는 반창고.

두 번째 뉴스는 미국으로 밀항한 보트 피플에 대해 말해요. 보트에 타고 있던 사람들이 파도에 휩쓸려 죽었어요. 살아남은 이들은 수용소에 있다가 지금 카메라 앞에 나타나요. 그들은 쉬지 않고 아메리카, 새로운 삶에 대해서 외우듯이 반복해요.

허물어진 존의 모습과 수용소에서 나온 난민들은 무슨 연관이 있을까요? 이어서 일어나는 일들을 보세요. 보석으로 풀려난 존은 행방불명됩니다. 카메라맨들이 밤낮으로 집 주변에서 기다리지만 그는 흔적도 찾을 수 없어요. 추측들이 난무해요.

다시 헨리는 존 광에 관한 본질적인 질문을 합니다. 그가 꿈꾸는 것, 우리 집과 같은 공동체를 만드는 것이 가능한가? 플러싱 거리의 무수한 사람들, 정류장과 상점가를 오가며 새벽부터 밤까지, 때로는 밤새도록 일하는 자영업자들, 흑인들, 유대인들, 히스패닉들, 라틴 아메리칸들, 타이티인들, 그리고 그 시간에도 미국을 향해 오는 보트 난민들, 불법이민자들, 이 모든 사람들을 한 가족으로 어우르는 공동체를 만드는 것이 가능한가?

■ ■ ■ 나는 그가 결코 소수민족을 대표하는 정치가가 되려고 한 적은 없다는 것을 안다. 그는 사람들이 그가 순전히 유색인 또는 아시아인이기 때문에 그에게 투표하는 것을 원하지 않았다. 그는 그런 식으로는 자신이 아무것도 얻을 수 없다는 것을 알고 있었다. 우리들만으로는 충분하지 않았다. 그래서 그는 그 모든 사람들을 그의 일부로 만든다. 그들의 이름을 하나하나 외운다. 그들이 일하고 살아가는 데 필요한 귀감이 된다. 그는 그들의 희망이다. 그리고 이런 것들이 가능한 것은 그가 처음부터 끝까지 너무도 자연스러운 미국인이기

때문이다. (326)

마지막 문장, 다시 보세요. 무수한 이민자들이 존을 귀감으로 삼은 것은 이주민인 그가 미국인으로 성공했기 때문입니다. 그러나 기득권과 그들이 제시하는 제한적인 자리를 거부하는 존의 충돌은 피할 수 없는 듯합니다. 기득권에 의해 그가 제거되는 방식을 보세요.

뉴스는 이 사건을 보도하면서, 존 광의 시의원직이 유지될지 의문을 제기해요. 그의 행방이 알려지지 않은 상태에서 그의 비리에 대한 속보를 계속 내보냅니다. 이상한 것은 이민국에서 그의 머니클럽에 관련된 정보를 제공한다는 것이에요. 그 정보에 의하면 머니클럽에서 오고간 돈들은 세무서에 보고되지 않았어요. 그는 탈세 혐의를 피할 수 없어요. 우리는 앞에서 연방정부에서 나온 사람들이 그의 머니클럽에 등록된 이름들과 그들의 재무 상태를 내사하고 있다는 것을 들었어요.

머니클럽에 속한 사람들의 상당수가 이민국에 등록되지 않은 세계 도처에서 온 불법체류자들입니다. 한국인들, 아시아인들, 웨스트 인디언들, 아프리카인들. 존과 함께 교통사고를 당한 어린 여자도 불법체류자로 밝혀집니다. 뉴스의 끝무렵에 이례적으로 주 장관이 나와 그날 아침 불법체류자들을 모두 체포했다고 발표해요. 뒤이어 시장 대변인이 나와 모든 수사는 법에 의해 엄중하게 처리될 것이라고 강조해요.

앵커가 질문해요. "이런 정보를 뉴스에서 내보내면, 그 사람들은 모두 잠적하지 않겠어요?" 그는 미소 지으며 대답해요. "의식불명 상태에 있는 여자를 제외하고는, 오늘 아침 다른 불법체류자들은 모두 거주지에서 체포되었습니다." 분명해지지요? 헨리가 넘겨준 자료는 이렇게 존의 정치적 기반과 이민자들의 꿈을 배반하게 됩니다. 좌판에서, 구멍가게에서 새로운 삶을 찾는 사람들, 그들을 일망타진한 것이지요. 체포된 그들은 수용소에 갇혔다가 재판을 거쳐 본국으로 추방될 것입니다.

헨리가 넘겨준 자료가 몰고 온, 예상을 넘어선 사태 앞에서 그와 릴리아가 거쳐 가는 공포와 회한을 상상할 수 있을까요? 헨리는 스스로 인정하지 않았던가요? 우리는 우리 자신들을 착취하고 배반한다는 추악한 이민자들의 진실. 필리핀 의사는 그에게 물었지요? "지금까지 당신은 누구였소?"

헨리는 공황 상태에 빠져요. 그리고 이민자의 아들로서 감당해야 했던 실존적 혼돈을 소환해요. 어린 시절 그는 자주 새벽녘에 잠이 깨어 앞베란다로 나갔어요. 마치 세상에 혼자만 있는 듯, 완벽하게 고요하고 어두웠어요. 아버지도 어머니도 없고, 놀려대는 아이들도, 그의 미국 이름을 어떻게 발음해야 하는지 보여주는 선생들도 없는 듯했어요.

이 부분, 보세요. 그는 다시 안으로 들어와 거울을 보며 그

고독한 순간에 진정한 자신이 누구인지 알 수 있기를 간절히 바랐어요. 그를 마주 보는 것은 그러나 여전히 똑같은, 그 헤아리기 어려운 얼굴 안에 요지부동으로 자리 잡은 소년이었어요. 그리고 지금 우리가 만나는 헨리 안에 여전히 그 소년이 남아 있습니다.

여기서 헨리의 질문을 반복합니다. 존 광의 비전은 어떻게 되는가? 인종과 민족을 초월하여, 새로운 삶을 찾아 이곳으로 오는 무수한 사람들을 한 가족으로, 하나의 공동체로 만드는 것은 가능한가? 이 질문을 꼭 붙들고 끝까지 갑니다.

Native Speaker

제10강

존 광은 어디 있나요? 헨리는 릴리아의 만류에도 불구하고 존을 벼르고 있는 군중이 모인 그의 집 앞으로 가요. 군중을 보세요. 우는 아이들을 업은 아내들, 남편들, 성난 백인들, 흑인들, 황색인들. 그들은 사기꾼 존이 후원한 불법체류자들을 바다에 빠트리자고 악을 씁니다. '가난뱅이 쓰레기들, 기름때 묻은 '국'들… 너희들 나라로 가라.' 익숙한 구호지요? 트럼프가 이민자들에게 외치는 소리지요?

헨리는 존 광이 나타나지 않기를 바랍니다. 그의 비굴하고 초라한 모습을 보게 되는 것은 헨리와 그의 지지자들에게 절망이니까요. 이해할 수 있지요?

■ ■ ■ 나는 그가 행여 눈을 떨구는 것을 원하지 않는다. 그가 굴종적으로 고개를 숙이거나 내 앞에, 그 누구 앞에 무릎을 꿇는 것을 원하지 않는다. 그런 모습을 보려고 그에게 온 것도, 지금 여기 온 것도 아니다. 나는 그의 정체성이 주는 희망 때문에 여기 왔다. 그것이 나의 정체성이 될 수도 있으니까. 우리가 푼돈을 버는 작은 가게와 교회에서의 안전만을 원할 때, 그는 공적인 차원에서 활동해온 인물이었다. (328)

그래요. 존 광의 정체성이 주는 희망, 헨리는 그것을 자신의 정체성으로 받아들이려고 합니다. 계속하지요. 이런 상황에서 두 아들과 함께 메이는 넋을 놓은 지경이라고 보좌관 제니스가 전합니다. 제니스는 존 광이 스스로 목숨을 끊을까 봐 안절부절 못하지만 헨리는 어머니가 늘 하던 말을 상기합니다. '산 넘어 산이다.' 하나의 시련이 끝나면 또 다른 시련이 옵니다. 어머니 세대의 한국인들에게 고생은 피할 수 없는 삶의 조건이며 이를 감내하는 것이야말로 가장 고귀한 일입니다.

어머니가 존 광을 알았다면 그를 어리석다고 했을 거예요. 뭐가 아쉬워서 좋은 아내에 아들에, 그 많은 돈도 있으면서. 그런 넓적한 얼굴을 하고 얼마나 더 출세를 하겠다고. 어머니에게는 아버지가 최고의 희생과 용기를 가진 영웅이었어요.

헨리는 또 아버지를 생각해요. 자신은 낯선 땅에서 서투른 언어로 채소가게를 해서 성공한 아버지의 돈과 희망이 만들어 낸 외로운 미국 아들이다. 자신은 아버지의 삶에 대한 연민과 불편한 경외심을 언제까지고 간직할 것이다. 그러면서 자신에게 물어요. '아버지는 내가 어떻게 살아왔는지 안다면 나를 용서할 것인가?'

여기서 우리는 다시 확인하게 됩니다. 디어스포라의 삶 속에서도 아버지의 가부장적 가치와 엘리트 교육을 받은 아들의 가치가 불협화음을 내기도 하면서 가족이라는 연대가 이들의 삶을 지탱해주고 있어요. 그래서 존 광의 이야기는 아버지의 이민사와 연결되고 혼돈을 거쳐 자신이 누구인지를 더듬어가는 헨리 자신의 이야기로 이어집니다. 이 부분이 중요해요. 이런 자기 인식이 앞으로 그가 살아가는 방식으로 이어질 것이에요.

헨리는 이제 비로소 알게 돼요. 그들이 존에 대한 정보가 필요했던 것은 그가 사람들에게 끼치는 영향력 때문이었어요.

■ ■ ■ 존은 그리 중요한 인물이 아니었다. 최소한 한 개인으로 보면 그렇다. 의뢰인들이 관심을 갖게 된 것은 문제의 인물 배후에서 진행되고 있는 움직임들 때문이었고, 그가 더 큰 집단에 발휘하고 있는 영향력 또는 호혜 때문이었다. 또는 아주 단순하게, 그는 쉽게 눈에 띄는 표상적 성격을 띤 전형적인 인물이었기 때문이다. 그를 알게 되면 그의 집단 전체를 알게 된다. (334)

분명해집니다. 그들은 영향력을 발휘하는 소수민족 정치인 존 광이 중앙무대에 진출하는 것을 허용할 수 없어요. 그것은 기득권에 대한 도전이자 위협입니다. 그를 제거하기 위한 덫을 놓았고 헨리가 건넨 머니클럽 자료가 탈세와 불법체류 이민자들을 도왔다는 결정적인 단서로 이용됩니다.

존 광은 도움을 청하러 오는 사람들이 불법체류자들이라는 것도 몰랐어요. 구사일생으로 이곳에 도착한 그들은 방 하나에 열 명씩 머물며 하루에 10불을 벌어 5불을 저축해요. 미국이 황금의 나라가 아닌 것도, 폭력과 차별에 대해서도 알고 있지만, 여전히 그들에게는 기회의 땅입니다. 그리고 존의 머니클럽은 그들이 자립할 수 있도록 디딤돌을 만들어주었어요. 그가 꿈꾸는 우리 집을 만드는 일이었으니까요. 그의 허영이자 오만이었을까요? 이민자에게는 허용되지 않는?

깊은 밤 헨리는 도시를 내려다보며, 밤새워 일하는 사람들이 한국 식품점 앞에 앉아 어색한 영어를 주고받는 소리를 들으며 아버지를 생각해요. 그의 서투른 영어를 부끄러워했지만 다시 들을 수 있다면 무슨 일이라도 할 것 같았어요. 추방당하는 불법체류자들의 울부짖음 속에서 아버지의 음성도 들리는 듯해요.

■ ■ ■ 나는 안다. 어렸을 때 같으면 그들을 조롱했을 것이다. 나는 아버지

와 가게 종업원들의 콩글리시, 스팽글리시, 엉터리 말 등 그 웃기는 억양이 창피해서 움츠러들거나 화가 났을 것이다. 나는 고함을 지르고 싶었다. 이런 고생을 해가면서 제발 말이라도 제대로 하라구요. 그러나 이제 나는 아버지의 말, 갑자기 소리를 지르거나 억양이 올라가거나 중단되며 언제나 급하게 이어지는 그의 말을 다시 들을 수 있다면 무엇이든 하겠다는 생각을 했다. 나는 언제까지고 이 도시의 거리에서 그의 말에 귀를 기울이겠다. 나는 나머지 사람들의, 특히 끌려가던 사람들의 그 믿을 수 없다는 절규와 비명소리를 듣고 싶다. 나는 그들이 나에게 어떤 판정을 내리더라도 다 받아들일 것이다. 그들의 모든 기도들과 저주들을 감수할 것이다. (337)

이 부분은 재미 한인들의, 모든 이민자들의 서사의 핵심으로 보입니다. 어떤 대가를 치르고서라도 아버지의 언어와 그들의 절규를 잊지 않겠다는 헨리의 다짐은 이 땅에서 그들의 삶을 인정하고 받아들이겠다는 각오입니다. 그리고 이 다짐은 그와 릴리아가 이민 자녀들의 언어교육을 계속 하는 것으로 나타날 거예요. 일종의 속죄 행위처럼 말이지요.

계속하지요. 존은 연방정부에서 세금 포탈과 불법체류자들에게 자금을 댄 혐의로 수사를 받았어요. 그가 풀려나서 돌아오는 장면입니다. 이 부분을 자세하게 묘사하고 있어요. 경찰들은 집 앞에 모인 군중들이 한꺼번에 몰리는 것을 막기 위해 바리케이드를 쳐놓았어요.

보세요. 자동차들이 나타나고 존이 혼자 차 문을 열고 나와 무방비 상태로 성난 군중 속을 걸어가요. 그의 손에 수갑은 채워져 있지 않지만 경찰들은 기본적인 배려도 하지 않아요. 그는 작고 수척해 보였지만 비굴하거나 궁지에 몰린 모습은 아닙니다. 그가 집 앞까지 걸어가는 동안 군중은 바리케이드를 무시하고 달려들어 비명을 지르고 아시아인들에 관한 흉측한 욕들을 해대고 침을 뱉어요.

이런 아수라장 속에서도 시선을 끄는 사람들이 있어요. 식당에서 구정물에 손을 담그며 일하는 아시아 여성들. 지치고 무표정하고 늙어 보이는 그들은 손으로 입을 가린 채 조용히 존을 바라봐요. 그의 잘못이 무엇이건, 그의 고통을 같이 느끼면서 용서받아야 한다고 말하는 듯해요. 그래요. 곳곳에서 우리가 만나는 여성들의 이런 정서가 본질적으로 인간에 대한 연민과 공감이라고 작가는 말하는 듯해요.

존 광에 주목하세요. 우리가 보는 그의 마지막 모습입니다. 야유를 퍼붓는 군중 속을 천천히 한 걸음씩 걸어가는 그는 이 순간의 시련을 개의치 않는 듯해요. 모든 것을 놓치지 않고 응시하는 듯해요. 문득 주홍글자를 가슴에 달고 분노에 찬 뉴잉글랜드의 주민들을 조용히 마주하고 서 있던 헤스터의 모습이 떠올라요.

■ ■ ■ 그는 너무 천천히 움직이고 있다. 그는 군중을 유혹하는 듯 보인다. 옆에 있는 경찰들이 재촉하지만 그는 자기 속도를 유지한다. 멈추기까지 한다. 사람들이 비명을 지른다. 그에게서 팔 길이만큼 떨어져 있는 그들은 들고 있는 것들을 모두 동원해 외친다. 그러나 아무것도 그의 얼굴에 입력되지 않는다. 그는 듣지 못하는 것처럼 보인다. (…) 그는 이미 다른 세상에 가 있다. 그러나 한편으로는 자신이 마주하는 이 마지막 군중을 음미할 것이다. 그들의 성난 징벌을 기꺼이 감내할 것이다. 뜨거운 돌 위를 걸어야만 한다면 돌 하나도 빼놓지 않고 밟을 것이다. (342)

숨이 막힐 듯한 장면입니다. 그런데 그는 고함과 욕설 속에서도 초연해 보입니다. 그래요. 그는 지금 자신의 정치적 · 사회적 비전이, 자신의 삶을 걸고 추구하고자 했던 우리 집에 대한 꿈이 이 성난 군중 속으로 사라지는 것을 보고 있어요. 작별을 고하고 있어요. 그래서 뜨거운 돌 위를 걷더라도, 그들의 징벌을 감내하면서도, 이 마지막 군중을 음미하는 것이지요. 쉽게 사라지지 않는, 오래도록 남아 있을 존 광의 모습입니다.

그러나 이 긴장은 곧 깨져요. 야유와 욕설이 그를 건드리지 못하는 것을 알자 군중은 폭발해요. 이 장면에서 헨리를 보세요. 그는 존을 몸으로 보호하며 몰려드는 사람들을 필사적으로 밀쳐내며 치고받아요. 이 비현실적인 장면이 음소거된 채 슬로

모션으로 한동안 계속돼요. 그러다가 그는 누군가의 주먹에 맞아 쓰러지며 존과 눈이 마주쳐요. 존은 그의 눈을 피하고 얼굴을 가린 채 쏟아지는 주먹질과 발길질에 깔려 주저앉아요.

여기서 기시감이 느껴지네요. 말타기 놀이 하다가 백인 아이들에 깔려 질식사한 헨리의 아들 미트. 백인 동급생들의 괴롭힘을 견디다 못해 태권도 동작으로 아이를 쓰러뜨려 코피를 쏟게 하고 앓아누웠던 존의 아들. 이렇게 존 광의 몰락은 이민자들이 감내하는 배제과 폭력으로 연결되어 있어요. 이렇게 변화를 꿈꾸던 존 광에 대한 세상의 응징은 철저합니다.

이 장면을 다시 보세요. 주먹질과 발길질 속에서 존은 헨리와 눈이 마주치자 그의 눈을 피해요. 우리는 추측해봅니다. 존 광은 추락하는 순간, 눈을 뜨게 되었을까요? 연방정부의 수사를 받으며 헨리가 머니클럽 자료를 넘긴 것을 알았을까요? 이때 존이 스쳐갔을 생각이나 감정에 대한 일체의 언급은 없어요.

존 광의 스토리는 끝나나요? 그의 이야기는 소수민족 이민자가 주제넘은 야망을 품었다가 몰락하게 된다는 경고일 뿐인가요? 그럴 리는 없어요. 존 광의 이야기는 헨리의 이야기로 이어져요. 헨리는 릴리아와 함께 자신이 배반한 존 광의 꿈을 이어갈 것입니다. 소설이 마무리되는 장면을 보세요.

말들의 도시a city of words, 존이 사랑했고, 그를 지지했던 이민자들의 도시, 플러싱. 삶의 역동성과 다양성이 힘차게 분출

되는 이곳은 사회학자이자 시인이었던 루얼 대니Reuel Denney 교수의 표현대로 이방인들의 축제의 현장입니다.

이민자들이 하루를 시작하는 숨 가쁜 모습을 다시 보세요. 갖가지 언어들과 억양들이 뒤엉키며 맹렬하게 터져 나와 듣도 보도 못한 굉장한 합창으로 들려요. 거듭 이 소설이 이민자들의 대서사시임을 확인하게 돼요. 아우성치며 들끓는, 어떤 일이 있어도, 강제송환된다 해도 무너지지 않을 불사조의 도시. 헨리는 이 거대한 말들의 도시를 사랑해요.

■ ■ ■ 나는 미국산 대형 세단들과 제복 입은 기사들이 딸린 차들과 밴들이 늘어서 있는 이 거리들을 사랑한다. 나는 이른 아침 가게 주인들이 하나씩 문을 열고 차양을 내리며 이야기를 주고받는 풍경을 사랑한다. 나는 창문 너머로 쿵쾅대는 스페인 디스코 음악에 맞춰, 사람들이 창틀 밖으로 반쯤 몸을 내밀고 몸을 흔드는 모습을 사랑한다. 나는 현란한 색깔의 옷으로 몸을 감싼 힌두인 가족들이나 검은 옷차림의 유대인들이 걸어가는 뒤를 따라가기도 한다. 오래된 교회들, 한때는 독일인들이, 그다음에는 한국인들이, 그리고 지금은 베트남 사람들이 다니는 교회들 안으로 들어간다. 나는 또 해질 무렵 퀸즈 거리를 잠깐 비추는 햇빛을 사랑한다. 그 빛은 따뜻한 램프처럼 그 장엄한 도시의 서쪽 꼭대기들 사이로 스며들며 아래로 퍼진다. (346)

헨리는 그 모든 외침과 부산함 속을, 그 열띤 삶의 현장 속을 걸어가며 다시 아버지의 가게를 떠올려요. 대형 한인 슈퍼마켓에 들어가 냉장고에 진열된 갖가지 종류의 김치병들을 보며 김치박물관이라고 놀라던 미트를 떠올려요. 그러면서 확인해요. "그래, 우리들은 모두 이곳에 속한다, 노력해서 이곳에 속하는 사람들이 되어야 한다."

헨리는 이렇게 자신의 뿌리가, 정체성이 지금 이곳에 있다는 것을 확인해요. 그것은 곧이어 그와 릴리아가 이민자 어린이들의 영어 수업을 하는 모습을 통해 반복될 것입니다.

그런데 이에 앞서 막간처럼 잠깐 이제는 잊힌 존의 저택이 등장해요. 헨리는 오래전부터 팔려고 내놓은 그 집에 부동산업자의 안내를 받아 들어가요. 응접실, 큰 부엌, 식당과 침실들을 거쳐 존이 머물던 서재와 짐들이 쌓여 있는 지하실에도 들어가봐요. 안내인에게 물어요. "이 굉장한 저택의 주인은 누구지요?" "외국인이에요. 자기 나라로 갔어요."

이 스쳐가는 장면을 읽으면서 우리는 이 집이 흔적 없이 사라진 존의 아바타 같다는 생각도 들고, 그래요, 개츠비가 죽은 뒤의 그의 허황한 저택도 떠올리게 돼요. 그러면서 궁금해져요. 존 광의 이야기를 마무리하기 전에 그의 집을 보여주는 이유가 무엇인가? 그가 남긴 것이 이 공허한 저택뿐인가? 아니지요. 소설이 끝나는 장면에서 우리는 존 광의 유산이 어떻게 이어지는지 확인하게 됩니다.

릴리아는 시에서 주관하는 저소득층 이민자 자녀들을 위한 여름학교에서 아이들의 영어 발음을 교정합니다. 그의 수업의 특징은 재미있고 주눅 들지 않게 가르치는 거예요. 비디오와 녹음기를 사용하면서 인형놀이를 보여주는데 입이 크고 뻐드렁니를 한 꼭두각시가 무서운 마스크를 쓰고 종횡무진 움직이면 아이들은 열광해요. 릴리아는 또 부드럽게 동화를 읽어주는데 아이들은 백인 여자가 읽어주는 우스꽝스러운 이야기를 들으면서, 그래, 아무것도 무서워할 것이 없어, 느끼게 돼요. 아이들은 당당하게 큰소리로 발음을 반복하고 노래도 해요. 생김새도 피부색도 언어도 다른 아이들이 우스꽝스러운 언어 몬스터 인형을 보며 깔깔거리며 발음 연습을 하는 모습. 맑은 시냇물이 재잘거리며 흘러가는 것을 연상하게 해요.

릴리아는 수업을 통해서 아이들이 자신감을 갖게 되고, 이 나라의 존중받는 시민이 될 수 있다는 것을 알게 되기를 바라요. 이제 우리는 압니다. 그렇게 하는 것이 존 광이 꿈꾸었던 우리 집을 만들어가는 첫 걸음이 될 것이라는 것을.

헨리는 수업 장비들을 정리해요. 아이들을 한 명씩 안아 높이 치켜들면서, 아이의 키와 몸무게를 느끼면서 미트를 생각해요. 너희들, 많이 보고 싶을 거야, 라고 말해요.

릴리아는 줄 서 있는 아이들의 이름을 천천히 불러요. 여러분 모두 좋은 시민이었어요, 라고 말하며 이름을 하나씩 스티커에 적으면 헨리가 그들의 가슴에 달아줍니다. 릴리아는 영어 이름이 아닌 원래의 그들의 이름도 또박또박 불러요. 아이들은 자신들이 누구인지 확인하게 돼요.

■ ■ ■ 릴리아는 학생 한 사람 한 사람에게 스티커를 주었다. 학급 명단을 보고 태양 모양의 배지 안쪽에 그들의 이름들을 적었다. 그리고 말한다. 여러분들 한 사람 한 사람 모두 좋은 시민이에요. 그는 이름을 말하며 빨리 스티커 위에 쓰고 나는 그가 시키는 대로 그들이 떠날 때 가슴에 그것을 눌러 붙인다. 말없는 얼굴들이 줄지어 서 있다. 나는 그들을 내 머릿속에 입력한다. 이제 그는 액센트와 고저를 최대한 정확하게 해서 한 사람씩 이름을 크게 부른다. 나는 그가 열두어 개의 사랑스러운 그들의 모국어로 자기들이 누구인지를 말해주는, 모든 어려운 이름들을 부르는 소리를 듣는다. (349)

이 마지막 장면, 이민자들의 도시, 다양한 언어와 색깔과 표정들이 어울리는 이곳에서 아이들이 영어를 배우는 생동하는 모습을 통해 우리는 이 '말들의 도시'가 영원할 것임을 확인하게 됩니다. 그래요. 헨리의 이야기는 존 광이 꿈꾸던 세상에 대한 증언입니다. 그리고 이민자들의 나라, 미국의 가능성에 관한 긍정이기도 하고요.

Native
Speaker

강의를 마치며

자, 이렇게 헨리의 이야기는 일단락되었군요. 강하고 절제된 힘으로 써내려간 문장들의 여운이 쉽게 가라앉지 않을 듯합니다. 여러분과 내가 함께 거쳐 간 생각들과 느낌들이 소중한 경험이 될 거라고 믿고 싶어요.

다시 한번 정리해볼까요? 이 소설은 재미 정치인 존 광의 영광과 좌절을 다인종 미국 사회의 복합적인 구조 속에서 추적한 역작입니다. 우리는 헨리의 이야기를 통해 백인 기득권과 소수민족 사이의 긴장, 한인 교포들과 흑인들의 불화의 현장을 보았어요. 아버지 세대의 고난과 성공이 치르는 대가를, 그리고 아들 세대의 불안과 방황에 대해서도 알게 되었어요.

헨리의 정체성에 대한 혼란은 그가 태생적으로 네이티브 스피커가 아니라는, 즉 백인처럼 영어를 구사하는 사람이 아니라는 이민자의 강박으로 나타나요. 우리가 확인했듯이 말과 언어는 소설을 관통하는 핵심 주제입니다.

그래요. 헨리는 미국 사회가 설정해놓은 모범적인 이민자Minority Model의 전형이에요. 엘리트 교육을 받은, 성실하고 겸손하고 친화적인 인물이지만, 이런 특징들은 유능한 스파이의 조건이기도 합니다. 이래서 이민자의 진실, 자기배반은 그가 짊어진 실존적 짐이 되는 것이지요. 절묘한 설정입니다.

헨리와 그의 백인 아내 릴리아. 두 사람의 어린 아들 미트의 죽음은 자유와 평등 사회의 이면, 인종차별의 현실을 압축해서 드러내요. 미트와 백인 아이들이 함께 놀던, 낙원처럼 묘사되는 할아버지의 넓은 정원. 그곳에서 일어난 미트의 죽음은 아직은 이곳이 살기 좋은 세상이 아닌 것을 보여줘요.

시의원 존 광의 등장은 이민 사회 미국의 이런 정치 · 문화를 배경으로 하고 있어요. 풀뿌리 이민자들의 절대적 지지를 받는 존 광은 다양한 이민자들이 자율성을 지키며 존중받을 수 있는 사회, '우리 집'과 같은 공동체를 꿈꿉니다. 소수민족만을 대표하는 변두리 정치인이 되기를 거부하는 것이지요.

존 광의 스파이로 파견된 헨리는 그를 통해 아버지가 속한 한정된 교포 사회를 넘어서는 큰 세상을 향한 비전에 눈 뜨게 돼요. 그러면서 처음으로 자신이 누구인지 묻기 시작해요. 존 광에 대한 이야기는 이래서 헨리 자신에 대한 이야기이기도 한 것이지요.

다 함께 잘사는 세상에 대한 존 광의 꿈은 기존 질서에 대한 위협으로 받아들여지고, 그는 좌절당해요. 미트의 죽음처럼 그의 몰락은 민주주의 미국 사회에 공고한 독선과 배타성을 다시 확인하게 해요. 그래서 존 광의 이야기는 인디언의 운명과 노예제도 등, 건국 초기부터 이어지는 원죄와도 같은 미국의 부채와 맥이 닿아 있어요.

작가는 미트의 죽음과 존 광의 좌절을 넘어서는 새로운 가능성을 암시해요. 언어치료사 릴리아의 역할이 강조돼요. 소설이 마무리되는 장면, 생각나지요? 흐르는 시냇물처럼 재잘대며 즐겁게 영어를 배우는 이민 어린이들. 이들에게 좋은 시민이 될 거라고 격려하며, 그들의 원래 이름을 불러주는 헨리와 릴리아. 두 사람은 네이티브 스피커의 영어를 차별과 배척이 아니라 소통과 상생의 도구로 변화시키려고 해요. 존 광의 '우리 집'에 관한 꿈의 불씨를 그렇게 이어가는 것이라고 믿는 것이지요.

그런데 보세요. 다 같이 잘사는 공동체를 향한 탐색은 미국 소설을 아우르는 본질적인 주제예요. 가령 앞에서 언급된 소설들도 보세요. 『동양이 서양에 가다』에서는 백인 사회로 진입하려는 한국 남성의 좌절을 통해 인종주의의 완강한 벽을 비판해요. 『노노 보이』에서는 2차 대전 당시 재미 일본인들의 강제수용 사건을 통해 제국주의와 타자의 운명을 고발했어요. 『여전사』에서는 중국 교포 소녀가 동서고금의 신화와 역사를 넘나들며 억압된 목소리를 쟁취하고 이름 없는 여성들의 실체를 복원했어요.

이러한 치열한 추구는 물론 백인 남성 작가들의 대표적인 소설들에서도 계속됩니다. 『주홍글자』에서 호손은 헤스터의 가슴에 달린 주홍글자를 통해 가부장적 퓨리턴 공동체의 고뇌와 한계를 보여주었어요. 트웨인은 『허클베리 핀의 모험』에서 떠돌이 백인 소년 헉핀과 도망노예 짐의 동행을 통해 노예제가 극복되는 가능성을 열었어요. 피츠제럴드의 『위대한 개츠비』도 놓칠 수 없어요. 부패하고 무책임한 기득권층 톰과 데이지에 의해 제거된 개츠비의 순수한 열망은 소설의 끝에 신대륙의 선원들이 상상했던 새로운 세상과 연결돼요.

그런데 보세요. 기존 질서를 비판하고 대안적 세계를 꿈꾸는 인물들은 모두 차별받는 주변인들이군요. 미혼모 여성, 떠돌이 고아와 노예, 무일푼 벼락부자, 그리고 소수민족 정치인 존 광. 그래요. 시대와 장소, 인물들은 달라도 소설들이 강조하는 메시지는 한결같아요. 기존 사회의 독선과 폭력에 대한 비판, 다양성이 존중받는 세상에 대한 열망.

이렇게 볼 때 이창래의 소설 『네이티브 스피커』는 미국 소설

전통의 한가운데에 뿌리 내리고 있어요. 21세기의 화두가 된, 이주민과 난민의 삶을 생각할 때 이민자들이 담론의 주체가 되는 것은 문학과 현실이라는 관점에서도 시의적절해요. 다양한 배경을 가진 사람들이 함께 자유와 기회를 누리는 사회, 이런 의미에서 이창래는 미국 소설 전통에 의미 있는 한 획을 그었다고 생각됩니다.

보세요. 이민 백주년 기념을 넘긴 재미 한인 사회의 성장은 놀라워요. 이민 1세대가 주로 채소가게, 세탁소 등으로 성공하여 자녀들을 교육시켰다면, 젊은 세대들은 MBA 변호사, 의사 등 전문직에 진출하고 있고, 최근에는 정계와 문화계에서 활약하는 2, 3세대들도 자주 보도됩니다.

한국계 미국 작가들의 대표적인 작품을 볼까요? 『네이티브 스피커』가 1995년 발표된 이래 노라옥자 켈러의 『종군 위안부 Comfort Woman』(1997), 수전 최의 『외국인 학생Foreigh Student』(1998), 입양 문제를 다룬 제인 정 트렌카Jane Jeong Trenka의 『피의 언어Language of Blood』, 그리고 이민진의 『백만장자를 위한 공짜 음식Free Food for Millionaires』(2007)과 자이니치 문제를 다룬 베스트셀러 『파친코Pachinko』(2017) 등이 이어집니다. 수전 최는 그의 신작 『신뢰 연습Trust Exercise』(2019)으로 2019년 전미도서상National Book Award을 수상했어요. 그래요. 앞으로도 더 많은 작가들의 좋은 소설을 계속 기대하게 됩니다.

모든 글쓰기는 증언이라고 해요. 작가가 창조한 인물은 시대적 도전과 열망을 증언하고, 우리 독자들의 삶 속에서 되살아나요. 문학과 증언. 이창래의 소설을 읽으면서 이 말에 대해 계속 생각했습니다.

자, 여러분. 또 만나요.

Native Speaker

작가 연보

1965 1965년 7월 29일 서울에서 출생함. 3살이 되던 해 1968년에 정신과 의사였던 아버지를 따라 가족과 함께 미국으로 이민.

1983 명문 필립스 엑시터 아카데미Phillips Exeter Academy를 거쳐 예일대학교 영문학과에 입학.

1987 대학 졸업 후 월스트리트 투자은행에서 주식 애널리스트로 1년간 활동.

1993 오리건대학교에서 문예창작 석사 학위 취득. 건축가 미쉘 브란카Michelle Branca와 결혼. 두사람 사이에 딸 둘이 있음.

1995 첫 번째 소설 『네이티브 스피커Native Speaker』 출간.

1996 『네이티브 스피커Native Speaker』로 헤밍웨이재단/펜 문학상Hemingway Foundation/PEN Award 수상.

같은 작품으로 반즈앤노블스 신인작가상Barnes & Noble Discover Great New Writers Award 수상.

1998 미국 뉴욕시립대학교 헌터컬리지City University of New York, Hunter College 창작 과정 학과장으로 임명.

1999 소설 『가식적인 삶A Gesture Life』 출간.

2000 『가식적인 삶A Gesture Life』으로 애니스필드-울프 문학상 Anisfield-Wolf Book Award 수상.

2002~2016 프린스턴대학교 인문학 및 창작과정Princeton's Program in Creative Writing 교수로 재직.

2004 소설 『가족Aloft』 출간.

2010 소설 『생존자The Surrendered』 출간.

2011 소설 『생존자The Surrendered』로 데이튼 문예평화상Dayton Literary Peace Prize 수상. 같은 작품으로 퓰리처상 픽션 부문 Pulitzer Prize for Fiction 최종 후보에 오름.

2014 소설 『만조의 바다 위에서On Such a Full Sea』 출간. 이 작품은 전미도서비평가협회상National Book Critics Circle Award 최종 후보에 오름.

2016~현재 스탠포드대학교 문예창작과 정교수로 재직 중. 연세대 석좌교수.

서숙 교수의 영미소설 특강 10

네이티브 스피커

펴낸날 1판 1쇄 2020년 1월 31일 | **지은이** 서숙

펴낸이 김헌민 | **펴낸곳** 이화여자대학교출판문화원
주소 서울특별시 서대문구 이화여대길 52(우 03760)
등록 1954년 7월 6일 제9-61호
전화 02) 3277-2965(편집) 02)362-6076(마케팅)
팩스 02) 312-4312
전자우편 press@ewha.ac.kr | **홈페이지** www.ewhapress.com
책임편집 이혜지 | **디자인** 정혜진 | **찍은곳** (주)현문자현

ISBN 979-11-5890-355-8 04840
ISBN 978-89-7300-855-1 (세트)

값 12,000원

* 잘못된 책은 구입처에서 바꾸어 드립니다.

이 도서의 국립중앙도서관 출판예정도서목록(CIP)은 서지정보유통지원시스템 홈페이지(http://seoji.nl.go.kr)와 국가자료공동목록시스템(http://www.nl.go.kr/kolisnet)에서 이용하실 수 있습니다. (CIP제어번호 : CIP2020001691)